尖石風物詩

塔克金溪與那羅溪流域的四季風情紀

文・攝影／陳銘磻

我的櫻花落尖石

陳銘磻

放假的日子，打算到哪裡度假？

「我會說要去哪裡！」湯姆克魯斯在電影《不可能的任務2》，一派瀟灑氣勢的說。

「你不必說。」長官回答：「說了就不叫度假。」

一個人想外出旅行，可以編出無數冠冕堂皇的理由，甚至，不需要任何理由。

旅行中的那個我，的確易於產生自由自在的自覺，這種藉由身體的長途活動，直到悸動心情產生充滿雲開月明的意識；那時，所見花開水流、異地情調、人文習俗或旅店望月交織鄉思的情愁，都將承受自覺的情緒支配。

人生旅行、生命行旅，好比堇花，堇就是堇，堇從不想自己在世間有什麼作用，堇只需花開似錦即可，這種花蕊盛開對春天的原野會有什麼影響，就不是堇該想的；堇對自己綻放以外的事，一點也不需要關心，更何況會對自然界形成什麼影響這種事，想都沒想過。

做什麼事都一樣，單純到遠方旅行、跟著人生一起行旅，決定權在自己手裡，只要用一顆心，不必多心在意無關緊要的事；今天吹今天的風，到了明天就會吹明天的風，這樣日積月累，偶爾上天也會眷顧人們，最終不管走到哪裡，都能成就讓人大吃一驚的人生。所以，堇就是堇，堇只做自己的堇，紫堇、三色堇都非常漂亮，不是嗎？

十九歲時，我攜帶新竹教育局一紙派令，和一副自以為瀟灑的浪人心情，隻身馱負一袋行囊，從新竹車站啟程到橫山鄉內灣，再徒步往尖石鄉深山那羅部落的錦屏國小，當起偏遠山區教員。

從內灣轉進尖石，天長路寬，沿途山壁巒樹叢林，開展一幅卷軸畫像，明霞流水伴隨山路從容堪聽，自嘉樂村而上，山徑崎嶇，行走不便，經比麟、天打那，山勢先柔後剛，樹林先疏後密，沿途茂密竹林，分明一派山水清音，撩人心神舒坦。繞山而行許久，那羅部落即在錦屏吊橋，遊達克溪河谷彼岸。啊！美景不形於言，宛如身在仙境。

部落生活，居室、飲食十分簡陋，現實也只能這樣，物資匱乏的那羅，學校連一間教師宿舍都沒有，我臨時跟一位學生的家長免費借用一幢紅磚瓦屋，鎮日雲霧相伴，優閒深謐的住了一年。

這種多重嘗試的生活，多麼難得，可以吃到不用配飯的竹筍，以筍下肉，簡直奇蹟般美妙，部落野菜的滋味經常在舌尖感動得抽泣；太銷魂了，沒料到尖石部落竟潛藏誘人魅惑的奇妙美食，道行頗深。我口腔內的震顫，是因咀嚼絕頂美味的竹筍和山豬肉而產生喜悅，是仔細研磨的滋味呀！

感慨部落行路艱難，一年山地生涯，我的下意識時常告訴自己，怎麼心一直駐守那羅？那裡有我熟悉的奇石山徑、芬芳草香的鮮明空氣、夏日游水的女人湖、五部落陡峭的登山步道，還有吃了健壯體魄的紅心地瓜，許多我初識塵世無邊風月的情事都在那一年發生。

一生中的一年，或許短暫；那羅部落一年，改變了我許多個一年的人生。

看美麗的那羅山景並不需要靠運氣，重要的是要有不放棄，開闢一條屬於自己道路的強大內心。眼前花草，是我的雌性；遠處山林，是我的雄性，離家數十里到那羅部落，好似我的出現被泰雅祖靈賦予書寫的任務，必須以愛、用文學關懷這塊被世人遺漏的美好世界。所以後來陸續寫下被議論許多的《最後一把番刀》、《出草》、《部落・斯卡也答》、《尖石櫻花落》、《櫻花夢》、《花心那羅》等書。我必須承認，多年來，藏在心裡的愛與關懷總是拚命忍著，最後僅能借助文字抒發。

因為沉溺其中，腦子過載，感情過量，一開始覺得部落生活太苦，低矮紅磚屋好似被落葉沉埋的空箱，後來上癮了，好似沖泡的咖啡，香味很好，卻熱得像要燙傷我；苦得像魔鬼，卻好喝。

我知道抱怨部落生涯太過夢幻、浪漫，是件傲慢的行為，但我確實想要拉開跟過往完全不同的記憶，從中抽取一個不得了的東西，以此感到萬分期待。

已故影人奧黛麗赫本說：「若要有優美的嘴唇，就要說友善的話；若要有動人的雙眸，就要看到別人的優點。」就因為身處其中，看見那羅部落許多美好，逕自墜落其間，好想把那片風景藏在身上帶走。

沒隔多久，意圖從那些美好獲取純真的生命意象，然，內心深處蠢動的妖魔鬼怪，開始令我害怕，這讓我感覺像是一邊呼吸，一邊窒息，雖然死不了，卻沒有活著的感覺。

一九七一年秋，不得不然的離開錦屏國小，一樣翻山越嶺，徒步後山，走進比那羅部落更為蕭瑟的玉峰國小，再度過著荒居歲月。

那是距離桃園復興很近的偏僻部落。下放，不是意味逃跑，是捨棄，是被放逐。

身為一介窮酸教師，或者說，偶爾會利用閒暇在宿舍寫些小品的創作者，我的確需要不時重置自己。

背負自說自話的存在而活，有些好笑；但比起後悔什麼都沒做，還不如做了之後再後悔，這是我部落生涯的最高信仰。手塚治虫在他的漫畫《怪醫黑傑克》有句話說：「醫生可以治好人的身體，但治不好扭曲的內心。」那時的我，變得比任何一個成長階段更容易感到懦弱，我只是……，必須在自己易於傷懷的情感遭受傷害之前逃走，然後把心事飆出來、罵出來，面對群山宣洩不快、膽怯、無知。身為一名教師、文人，我豐沛的感情世界或許早已枯萎，真是悽慘。

人生好比戲劇，從頭到尾的劇情走向早被決定好了，在這個已經決定好結局的虛構人生中，我不需要在意任何人的眼光，這讓我覺得容易放得開自己。

此後四十餘年，我跟那羅部落結下難解之緣，因緣際會成為我的心靈故鄉；我的靈魂經過歲月洪流沖刷後，再度得到心歸青山的瀟然。

露水短暫命，取捨應有時。許多年了，我仍嚮往和已然去世的學生阿興、傻尬、香兒，再看一次信任我作為的雲天寶鄉長為那羅部落建造的文學地景與創意圖像。我相信你們，從前、今後，我一直相信你們。感謝你們在我離開部落的日子，誠心寄給我每一季的那羅櫻花瓣，我很開心。

曾經說再也不想見到那羅的櫻花，我是在撒謊，其實當時我每天都在盼望，能不能把我和那羅相關的人、事，以及滿山櫻花勝景，堅不可摧的印記，從記憶中清除。想念，只會徒勞心力，使我染患嚴重的心病險症。

抱歉，請別嘲笑我的情感表達，我是如此鍾情行旅那羅，那個無比輕狂的浪漫年代。

而今，我好比等不到滿開就自己散落的櫻花，當察覺個人心中的迷戀真是微不足道，或許才是真正懂得美學的開始時，竟已是櫻花雨飄落的晚春了。

對於讓我沉醉了近半個世紀，以滿山綻放櫻花使人癡，讓人迷的那羅部落「猶似橫渡『時間之海』而來的一艘美麗的船。」我只能借用三島由紀夫對京都金閣寺的形容：「如果妳的美若真是舉世無匹，也請妳告訴我，為什麼妳會那麼美？為什麼非那麼美不可。」來界定開啟我文學創作第一步的那羅部落的深遠美意。

本文原載二〇一八年十一月自由時報副刊。

感謝學生蔣梅珍、賴思方、郭秀端、羅信、尖石鄉公所、高燕鈴、龐新蘭、戴焱騰等，提供相關照片，特此致謝。

櫻花樹蔭下，蝴蝶清風初相逢，春雨落一滴

那羅溪流域人文地景

風來捲起，一片芳影，櫻吹錦屏村

〔秋．甜柿〕舊名柿山

〔夏．圖騰〕比麟陽具公園

〔夏．納涼〕比麟瀑布

〔秋．場景〕《菩提相思經》小說地景

〔冬．溫泉〕小錦屏溫泉區

〔冬．溫泉〕朝日溫泉

〔春．狩獵〕錦屏大橋

〔夏．戲水〕天然谷瀑布溫泉

〔夏．蛙〕青蛙石風景區

〔春．奇緣〕青蛙石傳說

〔春．彩虹〕青蛙石天空步道彩虹橋

〔夏．風雨〕那羅文學地景紀行初航

〔秋．甜柿〕梅花山莊
〔春．古道〕梅嘎蒗部落
盛夏陽光，鯝魚觸聲，水色嘉樂村
〔春．地標〕石岩
〔秋．溫泉〕嘉樂溫泉會館
花影婆娑，竹林樹搖，水田新樂村
〔夏．納涼〕鴛鴦谷瀑布
〔秋．曠野〕煤源部落
〔冬．咖啡〕天空之城
〔春．筍〕鐵嶺部落
〔春．天籟〕新光幫好歌藝
〔夏．文學家〕詩人林央敏蟄居水田
〔春．仙境〕北得拉曼山女詩人賴思方
手拾落穗，天籟穿過，雲霧義興村
〔秋．懸索橋〕北角吊橋

尖石服務二十年

雲天寶

身負治理新竹縣幅員最遼闊的尖石鄉長職務，的確充滿挑戰；面對改變中的新型態部落生活、山高水遠的服務範疇，我在部落之間奔波，獨見尖石鄉擁有無比豐沛的大自然生態資源，足可讓她成就為人間仙境。

建設鄉里絕不能僅以變革做為利器，尖石鄉豐盛的大自然資源，即是可資運用的天成條件，這就好像到司馬庫斯登山，林中宿鳥在無意間被登山客沉重的腳步聲驚醒，紛紛展翅飛翔，登山客不明所以，逕自撥開及膝雜草，一路辛勞攀登上山，直抵山頂，忽然迎面涼爽清風吹拂，便覺心神暢快起來。

我在尖石鄉服務二十年，擔任新竹縣議會第十三、十四屆議員，第十四、十六、十七屆鄉長；期間，對每一項鄉民福利、大小事務採取的態度，無不秉持這種一路向前、向上的登山態度；美麗的泰雅故鄉，我的建構方針並非要在這片蒼翠山林蓋大樓，部落需要的，是經由大自然滋育的農產品，以及好山好水的奇景，構成農業文化觀光，讓世人親近她，喜歡她。

建設部落，需要從保存原貌中，一無阻隔的發揚泰雅文化；泰雅人的勤快、英勇、謙和、熱情，都是推動原住民農業休閒文化觀光的主要元素；尖石鄉擁有這些利器，無怪乎這些年來，上山旅遊的群眾，不斷激增。

尖石鄉的地景，大霸尖山、鎮西堡神木群、司馬庫斯、秀巒溫泉、小錦屏溫泉、玉峰大橋、那羅溪文學林，乃至二〇一八年三月竣工啟用，受到世人矚目的「青蛙石天空步道」，一樣充滿人文氣息。

有人文氣息的尖石，正是她得天獨厚的觀光資源。

現在，除了這些人文地景可供世人玩賞，尖石鄉豐富的生態與具特色的農產品，更需要經由文化、觀光，導覽給更多遊客認識。

尖石鄉沒有大型遊樂場，但擁有未經物化的大自然公園；沒有動物園，卻是一座充滿奇珍異獸的大森林；整個尖石鄉就是一座天然公園，非凡的人間仙境，這個仙境，春季山櫻滿樹開、夏日流螢遍野飛，點燃部落山林川澤像地上的星辰，令人驚奇、讚嘆。

原以為只有尖石人才愛尖石，沒想過才幾年光陰，便有更多平地人和原民青農返鄉創

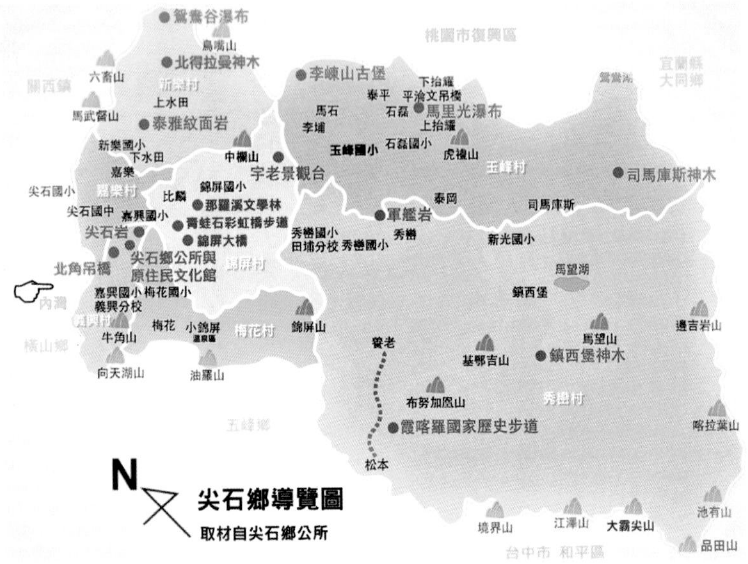

業一樣，熱愛這片土地、愛這裡的人。

曾任教前山那羅部落錦屏國小、後山玉峰國小的作家陳銘磻，在寫作出版一〇九本書籍之後，近日更完成以尖石「大河」為主題的人文地景書，從淡水河系本源塔克金溪、薩克亞金溪；頭前溪本源那羅溪，沿岸的地理、歷史，紀錄泰雅族的史事、文化、傳說、地景、人物等為主體的報導文學作品《尖石風物詩》，被視為體現尖石鄉泰雅族的人文風貌與山水風光之作。

這本書恰似一部歷史與人文的紀行錄，作者誠懇紀錄尖石鄉多年來的進化與發展，還特別將熱愛泰雅文化、重視教育、文學的作家朋友，讚譽美麗尖石的詩作、小品載記書中，更不忘詳實介紹河域延展的地景風貌，以美文記述，並邀請臺灣十大散文名家林文義、企業家劉明創兩位經常蒞臨本鄉的大人物為書作序，可也是尖石的榮耀！

不忘初心，方得始終。不斷成長、進步的尖石鄉，好客的泰雅人虔誠歡迎隨時前往部落賞景，司馬庫斯、青蛙石天空步道、那羅溪文學林，看泰雅族的故鄉如何從籍籍無名，蛻變成美麗鳳蝶。

雲天寶（新竹縣議會第十三、十四屆議員，第十四、十六、十七屆尖石鄉長）

回去尖石

林文義

時而夢見俗稱「苦花」的臺灣鯝魚，在兩岸恣長的野薑花叢遮掩的溪澗泅泳，綠水翻銀如月光；夢裡猶然清晰的得以辨識，那溪澗的地方是多年來念念不忘的新竹縣尖石鄉那羅部落。夢醒之後魚依然漾著水般抒情，別有一種悵惘，現實明顯的記憶回首，颱風導致的土石流早就全然摧毀、截斷那條溪水，再尋何處？

泰雅的祖靈一定知道那是怎麼一回事。

漢族作家描述尖石鄉的初心良意是否曾在風災前被誤認為某一種文化的侵奪呢？鐫刻著文字的數塊花崗岩據說被大自然的巨大力量裂解、埋葬在土石流沖刷而下的磊磊亂石底層，一定有泰雅族人會說：祖靈發怒了。本就是千年來泰雅族的農地與獵場，干漢人何事？這般思考我坦直的向曾經力促文學立碑的作家摯友提及，一向溫文謙和的他亦虔心傾聽；我說：好久沒回去尖石鄉了，何時相伴探訪呢？

我說「回去」而非「重遊」乃是此地對我有深沉的生命意涵，那裡的泰雅友人、山水靜美，曾是在我紛擾、爭逐的現實世俗中，予我一種滌心淨神的莫大撫慰；對於他而言，更深奧青春年代最美麗、純淨的意義，執教於斯，的確是靈魂全然無私的奉獻，教育及其真情。

甜柿紅熟，水蜜桃垂枝，荷蘭豆飽莢……美麗的泰雅女子奇娃斯在那羅溪畔的小茶館、牛欄山果園農舍我慣常靜坐淺酌看星的桌椅，老友巫勇、寒娜夫婦在冬寒霜冷的屋前燃起暖熱的篝火，彷彿複刻我容顏的小女孩邱松梅那時才剛上小學一年級，羞怯的挪近我，像親炙的女兒……多年不見應該是大學生了吧？

想見，多少年我不曾回去尖石鄉了……

泰雅老友啊，我沒有忘記，只是，情怯。

四十多年前執教此地錦屏國小的文學摯友，彼時在校園裡栽種了一株櫻樹，年年櫻花盛開，他一定想著：滿樹緋櫻，而最初的種花人呢？回去或不回去，落筆溫柔的作家還是為深愛的第二故鄉書寫、出版了好幾本尖石之書。我呢？僅是偶爾夢裡有著月光般的苦花在不再的溪澗中泅泳，翻騰著銀亮的魚身，彷彿呼喚。

呼喚我和他回去尖石……為什麼不回去？青蛙石民宿兼及那羅文學屋的照應人香兒

別世了，開著怪手、小山貓且是臺灣鯝魚保育、護溪隊成員的阿興也亡故了……近鄉情怯的真正理由是回去尖石再也見不到兩位泰雅老友，不免觸景傷情，怎麼回去，如何說起？

作家說：再也不寫尖石之書了，怕哀愁昔憶。藉著暫離時刻難忘的尖石之念，他近年著力於千里之遙的日本文學之旅，從原、平物語到京都、奈良延伸至川端康成、三島由紀夫、夏目漱石的書寫與出版，還有兩冊計畫中的文豪：谷崎潤一郎、芥川龍之介……

那麼，近日之間，我們回去一趟尖石。

我慎重提出相約。他敬謹的說好。

高鐵新竹站下車左側就是臺鐵六家站，據說可以經過市區、竹東直達內灣，支線鐵道的盡處，越過油羅溪直走數里就可回去尖石。

或者自行駛車前去吧。我說：二高很快，時間定妥，說走就走，千萬別再猶豫。

也許秋天，邀一群作家去尖石種一百株櫻花樹，就像四十多年前在錦屏國小種樹的心情。作家說。子夜電話這頭的我有句話沒說出口，我很想說：種櫻花樹很好，就是別再重建文學石碑，泰雅族的就還給泰雅族吧！

許諾以及祈盼。作家筆下的日本文學之旅的京都、奈良再美，終究比不上得以親炙生命幾近半生難忘的臺灣新竹縣境，群山簇擁的尖石鄉，記憶中最美麗的泰雅之地，我們眷戀依傍的靈魂淨土，相信，尖石友人靜靜在等待。

回去尖石。別忘了你我的約定。

林文義（文學家，獲二〇一二年臺灣文學獎圖書類散文金典獎，二〇一八年當代臺灣十大散文家）

我與那羅一段情緣

劉明創

我生性擅思考，習慣忙碌和追求新觀念，對存在宇宙的事物，比一般人多一分因好奇而得來的理解力，這些理解力正是個人經營明暐的重要原生質。

我喜歡運用旅行中的閱歷，沉澱、稀釋工作壓力帶來的沉重感，並藉此減低不安與不悅。

二〇〇四年，春末夏初之際，被憂鬱症重創的我，偕同妻子張燕雪一起參與由中國青年創業協會臺北總會舉辦的「青創家族尖石夢部落人文之旅」兩天一夜的活動，這一場由青創會重要幹部余素瓊、黃永秋、張惠蓮企畫舉辦的部落之旅，不僅引來不少知名企業家聯袂參加，適巧返國的我欣然接受邀請，應允前往陌生的那羅，進行一趟放空心靈的旅行。

跟隨青創會同仁前往那羅，正是一帖擺脫憂慮的良藥，喜歡山林幽靜的環境，沉穩的豎起耳朵諦聽部落鳥啼風吹的聲響；時而與同行的青創會員交談，很快融入大自然的快意，融進人群相互依恃之中，這種相稱之心使人感到特別具有人情味。

第一次到尖石鄉錦屏村，有一種如見老友的親切情懷。

五月天，在一部落青蛙石民宿飲酒之際，與同行的陳銘磻老師，從談話中湧現出一段「種植文學」的信念，就是用櫻花寫文學，把文學種在土地上的創意。可是，文學如何種在土地上？文學怎麼能種在土地上？

那實在是令人難以置信，美的創造。第二年，站在錦屏二橋目擊山岩群樹間，一棟被冠上文學之名的玻璃屋「那羅文學屋」，由設計師孫進才義務設計的文學空間，是我信守對陳銘磻老師要把文學種在土地上的承諾，終於集資建造完成。

如此寫實的世外桃源，這般寫意的文學心靈，就在眼前一一呈現，晴空下的文學奇蹟，秀麗至極的文學之美，開始在那羅部落生根、萌芽，直到續任尖石鄉長十二年的雲天寶擴大延伸文學地景的種子，把文學種在土地上的美意才得以持續開花、結果。

十二年漫長的鄉長生涯，眼看雲鄉長認真、用心把尖石鄉建造成具有特色的山地部落，如文學桃花源一般優雅的那羅、被大片亮麗的文學光影深情撼動的前山部落，交疊出讓遊客歡心的地景。

這本書就該是尖石鄉文學地景與人文風光的唯美紀錄、寫實報導，使人從文章裡讀到對故鄉充滿愛與關懷的雲鄉長，十二年來的長遠規畫與不間斷的建設，躍然紙上，值得敬佩。

藉此文，憑此意，期盼尖石之美能永續維護、生生不息。

劉明創（企業家，明暐紙器機械公司董事長）

大霸尖山

天地錄

大霸巔崖峭，巨石花影婆娑動，水瀑從中瀉

大霸靈峰，尖石岩，多勝景

名列新竹縣最大面積，超過縣境總面積三分之一的尖石鄉，占地五二七・五七九五平方公里，位於番界嶺綫之南，鄉境山勢險峻，陵上栢青青，澗中石磊磊；東南奧屬玉山山脈雪山彙山系，東與桃園市復興區、宜蘭縣大同鄉相銜，西接五峰鄉，南鄰苗栗縣泰安鄉、臺中市和平區，北毗橫山鄉內灣、關西鎮錦山里，為泰雅族原住民世代居所。

盤踞尖石鄉千年的大霸尖山，海拔三四九二公尺，新竹縣最高峰，淡水河本源即來自這座峻嶺大山；曾獲縣志編審委員遴選為新竹縣「大霸靈峰」特景，另外，名列八景十二勝之一的「錦屏觀櫻」位於錦屏村那羅部落，春季滿山遍野櫻花綻放，櫻落飄瀟翩翩，典雅生動，蔚為勝景。一九九〇年代臺灣興起觀光風潮，上百位知名作家林文義、陳若曦、愛亞、洪小喬、管管、林央敏、莊華堂、劉正偉等身影時常出現部落，並為文

▲ 司馬庫斯秋景（攝影／蔣梅珍）

讚譽錦屏村山光水色，傳媒喻為「文學故鄉」，年來吸引眾多遊客前往賞櫻、戲水、泡溫泉，形成北臺灣熱門地景。

尖石鄉層巒疊嶂，分隔前山、後山兩大區。前山包括義興、嘉樂、新樂、梅花、錦屏五村落，山谷有那羅溪，是頭前溪本源，源自李崠山；後山包括玉峰、秀巒二村落，泰雅族原鄉，山澗有塔克金溪、薩克亞金溪、馬里科灣溪，一脈相承，是淡水河水系大漢溪最遠的本源，這條大溪河與前山那羅溪、油羅溪，都是苦花魚的故鄉。

一九二〇年十月一日，日治臺

灣總督府地方行政區規畫，設州制，尖石鄉隸屬新竹州管轄，屬竹東郡直轄的番地東北部，轄區各部落歸竹東郡警察課統管；玉峰村部分地區為大溪郡所轄。

尖石鄉民日常以耕、織為主，不悉虛飾、不趨虛榮、不羨浮名，過著樂天知命的生活，近年著力果樹耕稼，水蜜桃、甜柿、水梨、山藥、竹筍等為主要農作。

除了高山峻嶺豐盛的森林資源，境內蘊藏豐沛的大自然生態，新樂村水田部落、錦屏村復興煤礦、蝙蝠洞、小錦屏溫泉，春櫻盛開、四月流螢、夏日蝴蝶、河域戲水、水蜜桃、溽暑水梨、初秋甜柿、深秋楓紅、寒冬落雪，是個奇花異草綻放的大自然公園，月色滿山鳥猶賞，人間難得幾番幽趣的清身

▲ 那羅部落夏景

▲ 品田山

之境。

大霸尖山，巨石陡，巔崖峭

坐落尖石鄉東南方的大霸尖山，是新竹縣境諸山中最為突出的高峰，頂平而圓，上窄下漸寬，狀若大型熬酒桶，又稱「熬酒桶山」，山巔岩塔削立，高達一五二公尺，三面大斷崖，高踞雲霄，泰雅族稱「巴克巴克窪」。「巴克巴克」是「耳朵」之意，「窪」是「岩」之意，又名「耳岩山」。

相傳，太古時代某日，耳岩山巔峰不明原由震裂，裂痕寬闊，一時風雲變色，狀甚詭譎，岩石裂縫處，徐徐降下男女兩嬰孩，孩子長大成人後，結為夫妻，生育子女，繁衍後代子孫，

▲ 秀巒山景（攝影／郭秀端）

世居大霸尖山，成為泰雅子民。傳說，最初的男女嬰孩即是泰雅族始祖，因此，臺灣北部泰雅族尊稱大霸尖山為祖山，或靈山，世代奉為神聖不容侵犯的太祖山。

大霸尖山又有稱大霸尖或大霸，與中央尖山、達芬尖山合稱臺灣三尖，向來即是登山客口中的奇山。奇山者，喻指大霸尖山的山巔岩峭，大片斷崖高踞雲霄，人跡罕至，難以攀登；野史傳述，一九二七年，始有時任臺灣山岳會的總幹事，日人沼井鐵太郎攀爬至山頂，號稱首位大霸尖山征服者。

武陵四秀，山連山，出百岳

尖石鄉屬山地部落，到處崇山峻嶺，主要

▲ 玉峰山脈（攝影／蔣梅珍）

高山為大霸尖山，海拔三四九二公尺，森林資源豐富。境內遍布大山，十分壯麗，大霸尖山、李崠山、司馬庫斯、宇老、鎮西堡，深山叢林矗立難以數計的百年神木，登山客絡繹不絕。

位居尖石鄉的百岳峻嶺有：品田山、大霸尖山、桃山、池有山、伊澤山、喀拉業山。

品田山：尖石鄉、臺中市交界，臺灣百岳排名第二十四，「十峻」名山之一，武陵四秀之首。標高三五二四公尺，臺灣第三大河川淡水河系源頭大漢溪發源於此，也是淡水河系與大甲溪分水嶺。

大霸尖山：尖石鄉最南端，又名祖山，與臺中市、苗栗縣毗鄰；北邊中霸尖山、西邊小霸尖山、東邊東霸尖山，合稱「大霸尖山群峰」。臺灣百岳排名第二十八，標高三四九二公尺。

桃山：秀巒村南端，尖石鄉、臺中市、宜蘭縣交界，臺灣百岳排名第四十八，標高三三二四公尺。

池有山：尖石鄉、臺中和平區分界嶺，武陵四秀之一，臺灣百岳排名第五十二，標高三三〇三公尺。

伊澤山：尖石鄉、苗栗泰安鄉分界嶺，臺灣百岳排名第五十三，標高三二九七公尺。

喀拉業山：屬雪山山脈，尖石鄉、宜蘭縣交界，接連桃山、池有山、品田山，合稱「武陵四秀」，臺灣百岳排名第八四，標高三一三三公尺。

▲ 秀巒山脈（攝影／蔣梅珍）

▲ 秀巒山頂雲海

金孩兒山：秀巒村，又名京孩兒山，標高二七一三公尺。

雪白山：玉峰村東端，北與桃園市、東與宜蘭縣毗鄰，原稱泰矢生山，標高二四四四公尺。

馬里科灣山：玉峰村東側，又名玉峰山，標高二三七八公尺。

李崠山：玉峰村，東側與桃園市相鄰，日治時期古戰場，標高一九五九公尺。

烏來山：玉峰村，標高一四九三公尺。

油羅山：錦屏村，標高一七九〇公尺。

高臺山：錦屏村，標高一五一〇公尺。

內橫屏山：梅花村，標高九四四公尺。

鳥嘴山：新樂村東側，緊鄰桃園市，標高一七四九公尺。

▲ 秀巒山景

八五山：新樂村，近李崠山，標高一七八三公尺。

那結山：新樂村，又名那是山，與桃園市復興區交界，標高一五二〇公尺。

北得拉曼山：新樂村，近水田部落，標高一〇七八公尺。

大岡山：嘉樂村，近八五山，標高一五二四公尺。

尖石山：嘉樂村，標高一一二七公尺。

向天湖山：義興村，南側近五峰鄉，標高一一八七公尺。

外橫屏山：義興村，南近向天湖山，標高七四九公尺。

峻嶺森森，針葉林，闊葉林

▲ 尖石楓樹林

▲ 水田部落神木（攝影／賴思方）

新竹縣志記載，尖石鄉森林面積，天然林占三三二四．六〇〇〇公頃，森林蓄積量針葉樹林占三二二七．〇〇立方公尺、闊葉樹林占二七四三七〇．二〇立方公尺，林野面積屬經濟林森林，占地三三二四．四〇〇〇公頃、原野二四九五．〇一〇〇公頃；森林總面積不算小，其中具經濟效益的杉木林占多數。

針葉樹：紅豆杉（建築、家具用），集中嘉樂村鳥嘴山；威氏帝杉（橋梁、門窗用），控溪至奇那兒溪一帶最多；杉木（造紙原料）、紅松柏（供作家具、造紙原料）、山松柏（橋梁、臺車用）散布各山區。

闊葉樹：瓊楠（製搗臼用），集中李崠

▲ 尖石櫻花林

▲ 尖石杉木林

山一帶；牛樟（提煉芳香揮發油），李崠山一帶最多；山肉桂（造紙黏料），分布金孩兒溪沿岸；大丁黃（供狩獵之弓架用），各部落繁多；胡桃（製槍托器具用），他奎仁溪附近；紅皮（製番刀鞘）分布各山區；緋櫻（山櫻花）分布玉峰村、秀巒村（二至三月盛開期）；其他：楓樹、油桐、赤楊樹、梧桐、桂竹（製簑器、農具）。

大漢頭前，泰崗溪，那羅溪

尖石鄉境內河川兩大主流：

一、塔克金溪、薩克亞金溪為淡水河系上游：

塔克金溪（又名泰崗溪）源自大霸尖山東麓，川流金孩兒山以東，後與源自品田山北側標高約三一〇〇公尺處，溪河向東北湍流，再折向西北，經司馬庫斯、鎮西堡、新光、泰崗等部落的薩克亞金溪（又名白石溪），

▲ 秀巒塔克金（攝影／郭秀端）

▲ 塔克金溪與薩克亞金溪匯流處（攝影／郭秀端）

在控溪（秀巒）匯流成馬里科灣溪（又名玉峰溪），經玉峰、石磊、抬耀，北出桃園市復興區下巴陵，與源自宜蘭縣大同鄉的三光溪會合，在巴陵大橋一帶形成舊稱大嵙崁溪，河長一三五公里，流域面積一一六三平方公里的大漢溪，經榮華、羅浮、角板山，繞行大溪、龍潭、新竹縣關西鎮，轉進新北市三峽、鶯歌、樹林、土城、板橋、新

▲ 馬里科灣溪

▲ 玉峰溪

▲ 玉峰溪在桃園下巴陵與源自宜蘭的三光溪匯流成大漢溪

莊、三重，終於板橋江子翠，與新店溪匯流成淡水河，最後從淡水油車口漁人碼頭附近注入臺灣海峽。

二、那羅溪、油羅溪為頭前溪上游：

那羅溪源自標高一九一三公尺的李崠山、大岡山諸水流域，經道下、那羅，與源自梅花村的遊達克溪，又名錦屏溪，在天打那錦屏大橋交會，後繞行比麟、嘉興至尖石山南端，再

▲ 內灣油羅溪

▲ 五峰霞喀羅溪

▲ 頭前溪源頭那羅溪

▲ 小錦屏遊達克溪（錦屏溪）

與源自鳥嘴山諸水流域，流過加拉排，繞過尖石山北端，原稱加拉排溪的嘉樂溪，在尖石大橋尖石岩一帶匯流，改稱油羅溪。油羅溪長二十六公里，流域面積一七八平方公里，流經橫山內灣、九鑽頭到竹東下公館，又與源自標高二六一六公尺，雪山山脈鹿場大山，五峰鄉霞喀羅溪的上坪溪，在竹東、橫山交界的洽水潭，合流成舊稱竹塹溪的頭前溪，緩緩川流過竹北市、新竹市，終至南寮港出臺灣海峽。主流河長六三．四〇公里，流域面積五六五．九七平方公里，分布新竹市及新竹縣五峰、橫山、尖石、竹東、芎林、竹北等鄉鎮市，是新竹縣市主要河川。

尖石鄉河域魚類計有：虹鱒魚、香魚、石斑魚、溪哥蝦、苦花魚，為了根植護魚生態意識，全境溪流的保育魚種，嚴禁捕撈。

秀巒山景（攝影／郭秀端）

遷徙錄

故鄉是他鄉，紋面泰雅醉櫻花，落了一兩朵

史前竹塹，琉球族，馬來族

有關臺灣原住民起源的傳說，紛雜不一，一說來自南洋土著，為「南島語系」，另一說是琉球族系。其中人數較少的賽夏族，據稱屬於北部平埔族「道卡斯」支族，道卡斯族自北漂著者為蒙古系（或謂琉球系），自南漂著者為馬來系，棲息西臺灣各處平地，故稱平埔族或平埔番。其後又有稱熟番或生番，一般指在高山地區生活的為生番或野番，接近平地，如中港、後龍遷居而來的賽夏族，被推定為道卡斯的支族。

然，民族學者調查，多稱賽夏族的語言、信仰、風俗、習慣，未發現與道卡斯族雷同；反而是泰雅族的語言，與南洋馬來語系相似，尤其，泰雅族母語與爪哇土著語言十分相近。

著名人類學者，德國的里斯博士，曾發表臺灣原住民研究報告，強調：「史前竹塹，

▲ 尖石後山泰雅族人

▲ 尖石後山泰雅族人

▲ 尖石後山泰雅族婦人

▲ 尖石後山泰雅族孩童

當為琉球族所居。」按《臺灣通史》資料：「唐貞觀年間，馬來洪水，馬來人浮筏避難，漂至臺灣西部，多位海溢，以殖其種。」明證北方民族與南方民族均曾先後漂著居住臺灣西部，形成道卡斯部落，稱熟番。一九五〇前後數年，曾在苗栗縣苑裡、通霄、後龍，以及桃園市大園等處，發掘史前黑陶遺物，推斷馬來族是繼琉球族之後渡海來臺，沿西海岸孳生、繁衍。

生番熟番，故鄉呀，遷徙志

文獻記載，新竹地區泰雅族，因分布山區，古稱「熟番」、「生番」或「北番」，也有叫「黥面番」；明清以降，這支臺灣原住民族，因居住、土地、語言糾紛，漢番之間，爭端不斷；日治初期，為安撫深山生番，官廳採懷柔政策，對歸順番社，賜耕牛一頭，當成歸化紀念。

日治期間，隨軍來臺的人類學研究者伊能嘉矩，排除語言障礙，勤奮學習泰雅族語，深入叢林僻地，取得番族信任與協助，實地踏查臺灣各原住民族的演進、歷史，以《臺灣番政志》、《臺灣番人志》、《臺灣文化志》等著作，紀錄原民生活、文化，是近代研究臺灣原住民族的先驅。

伊能嘉矩是首用「泰雅」二字的學者，至於 Atayal、Tayal、Tayan 都是居住西北部泰雅族的自稱，喻為「人」的意思，至於東南部的泰雅族自稱 Sedek，意思也是人。

▲ 為尋找獵場不斷遷徙的泰雅族人

▲ 泰雅族分泰雅亞族和賽德克亞族

同樣泰雅族，對自己族群的稱呼不盡相同，人類學家研究，據泰雅族對族名、文化和語言的差異性，將泰雅族分泰雅亞族和賽德克亞族，也即「泰雅族」稱呼是這個族群對外總稱，事實是，南投縣北港溪和花蓮縣和平溪是這個族群主要分界，以北為泰雅亞族，以南為賽德克亞族。

人類學家針對這支在臺灣存在五、六千年以上的族群，細分為三個方言群、八大文化系、二十五個區域性。

血族社群，總頭目，多智謀

臺灣原住民人口，泰雅族居第二，分布幅員廣闊，臺北、宜蘭、桃園、新竹、苗栗、臺中、南投等地，大都居住標高一千到五千公尺的山地。

▲ 泰雅族總頭目扮像（截自羅信臉書）

日治時期調查，泰雅族分為十九社群：屈尺番、大嵙崁番、合歡番、馬里科灣番、金孩兒番、加拉排番、石加路番、紋水番、大湖番、北勢番、南勢番、眉原番、萬大番、白狗番、馬力巴番、沙拉茅番、司加耶武番、南澳番、溪頭番等。

其中，群聚新竹的泰雅族有：馬里科灣番、金孩兒番、加拉排番、石加路四社群；馬里科灣番又分前山馬里科灣番與後山馬里科灣番；分布在關西鎮馬武督山巒的稱作前山馬里科灣番，分散大漢溪上游南邊者稱後山馬里科灣番。

泰雅族長期盤踞中央山脈、雪山山脈，族群重視血緣關係，稱同一血統各戶為血族社群，選同族中有聲望的長者為族長，所有族人皆聽命指揮，這個族長稱頭目。

當由數個血族團體結成社群，社群族長即成

▲ 鄉長的角色就是泰雅傳統習俗的總頭目（截自羅信臉書）

頭目，頭目數目一多，指揮權就難以統一，這時，社群推選部下最多，兵將最勇猛、智謀的領袖為總頭目。總頭目負責對外事務，應對官廳、與其他社群聯繫、交涉等，至於血族團體的內部紛爭，頭目只能列席協議，不得干涉事項。

泰雅族除血族團體外，尚有「部族」者，這個部族俗稱「較遠的血族」，以漢人說法，就是遠親。文獻稱，新竹與桃園兩地的「合歡番」，同屬泰雅族，祭祀習俗相同，一旦有戰事發生，雙方立即締結同盟。清治、日治時期稱合歡番、太魯閣番、霧社番、南澳番等，是泰雅族顯著的社群。

出沒無常，領山頭，誰出草

一八九四年，日清爆發甲午戰爭，翌年四月十七日，清廷戰敗，將臺灣割讓日本。受清官劉銘傳招撫的生番，對臺灣交由日人統治，不服，當山地防線鬆弛，於有機可乘之際，各領山頭，出沒無常，平地百姓聽聞生番如見毒蛇猛獸，恐慌至極；日方藉機頒布人民禁止越界入山禁令，尤以新竹縣鹽菜硼番為害最烈，深山部落如尖石、五峰更是嚴禁漢人進出。

日治期間的尖石鄉劃分為：竹東郡尖石、玉峰、秀巒三個行政區，便利控管深山生番，結果適得其反，番亂消息，時有所聞。

為防生番作亂，新竹縣內灣的社番容納漢人入墾，其餘如打哇鶴、大也干、金孩兒、馬裡以、馬里科灣等番社，因地處尖石後山，素以剽悍聞名，為安全起見，官方嚴禁漢人入山墾地；然，禁得漢人入山，卻防不了生番下山出草。文獻記載，

▲ 狩獵

石加路番社、五指山等地，常傳生番割取漢人首級的消息，番害事件層出不窮，使人防不勝防。

明治三十三年（一九〇〇），時任新竹辦務署長里見義正，為防生番作亂，改以撫番策略，經常帶領各級幹部到番社探望部落長老，遠則曾達鹿場大山，並邀部落長老下山遊玩市街，大抵相安無事；這時，日人藉機入山探險，上坪、內灣後山、錦屏、道下、玉峰、石磊、新光等地的地形、地勢均遭日人調查，並繪製詳圖，路線、山勢、林產、煤區、戰事要塞，無一不在日人掌控。

此後數年，漢番相安無事好一陣。日人熟諳這種不戰非不能戰的策略無

▲ 出草

法維繫長久，更於生番與熟番交界處設置隘勇線、架鐵絲網、通高壓電線、埋地雷，用以防患生番出草；同時選擇具戰略險要的地點，安置野砲、山砲，威嚇未歸順的番社歸依；日人所作所為，意在雇用臺籍人士為保障日人在山地部落伐木、研製樟腦，開發山地的有值經濟。

生番、熟番、漢人、日人都是漢番相處間糾葛難清的主角，日人治山與生番出草的歷史事件，是一條物競天擇，但求自我生存的命脈，關係微妙，稍扯即斷。

因此，當長年居住深山僻壤的生番占有大片山林，卻未有效開發，自然招致熟番與生番的間隙、平地人非分貪想、日人高壓政策與挑釁，這些都成為釀造戰事的開端。

山地叢林，聚落疏，泰雅社

不論稱呼，種族上的尖石鄉泰雅族，同屬系統，因山地崎嶇，聚落分散廣闊，聯繫不易，居所都以青竹築屋，十分鄙陋。其中，金孩兒較之不同；金孩兒和馬里科灣雖同屬泰雅族系，但兩社群之間常發生爭鬥；馬里科灣番占據山頭較近平地，經濟條件勝過金孩兒番；文獻記載，金孩兒番居住地在秀巒上方不毛之地，生活條件差，無怪乎金孩

▲ 尖石鄉為泰雅族傳統領域

▲ 錦屏村那羅社

兒番覬覦馬里科灣番廣大、富庶的所在地。

日治昭和十三年（一九三八），臺灣總督府警務局調查，當時尖石鄉部落住戶，義興村一三〇戶、嘉興村二十餘戶、新樂村一〇一戶、梅花村四十戶、錦屏村一一二戶、秀巒村卅七戶。直至一九五三年，新竹縣政府山地室統計數字，尖石鄉原住民總人口四九二〇人，其中泰雅族占九三%，餘為少部分賽夏族和客家族。截至二〇〇二年底，總人口數稍有成長，逼近八五百人。直到二〇一八年十月，外移人口逐漸回流，全鄉共計二八八九戶，住民九六八三人。

根據日治昭和十三年（一九三八）調查，尖石鄉義興村與秀巒村為金孩兒番、梅花村為在來族、天打那與錦屏村為泰雅番、嘉興村與新樂村為馬里科灣番。

依血族社群區分，當前尖石鄉設有七個村落，分別是：

玉峰村：司馬庫斯（Smangus）、宇老（Uraw）、馬

美（Mami）、石磊（Quri）、抬耀（Tayax）、馬里光（Llyung）、泰平（Batul）、李埔（Libu）、平論文（Plmwan）。

秀巒村：控溪（Hbun-tunan）、鎮西堡（Cinsbu）、錦路（Kinlwan）、泰崗（Thyakan）、養老（Yuluw）。

錦屏村：比麟（Piling）、小錦屏（Yutak）、吹上（Paqiy）、那羅一部落（Kbaqeh）、那羅二、三部落（Cinbulan）、那羅四部落（Kuxan）、那羅五部落（Ageq）、那羅六部落（Micista）。

梅花村：梅達拜（Meitapai）、梅阿尤達克（M'yutak）、梅拉姆拉克（Mrmurak）、梅魯庫互（Melukux）、梅杜依（Metuiy）。

嘉樂村：加拉排（Mklapay）、麥樹仁（Mksuzing）。

新樂村：煤源（Hbun-Qramay）、拉號（Rahaw）、福祿灣（Pololan）、武漢（Qalang-Qwayux）、烏嘴（Cyocuy）。

義興村：馬胎（Mkmatuy）、義興（Mkzihing）。

淡水河系源頭塔克金溪（攝影／郭秀端）

習俗錄

靈鳥別再叫，一把山蘇幾瓶酒，天要下雪了

西利克鳥，綠繡眼，卜吉凶

泰雅族傳說，稀有少見的七彩「西利克鳥」，是軼事傳聞中能占卜吉凶的神祕鳥，當牠音調舒緩甜美，發出「希、希」聲，象徵吉祥，表示族人日常生活可依計畫行事，狩獵或出草，都會有所斬獲；當牠低空掠過眼前，慌慌亂飛，發出急促的「吱、吱」聲，示意凶險，不宜外出。

輕盈靈巧的西利克鳥是泰雅族最愛的鳥類，舉凡族人喜慶婚宴、出門打獵、出草，甚至耕種時節，

▲ 靈鳥能卜吉凶

▲ 以杵舂米是泰雅族的日常

▲ 烤火煮食是尋常生活

總要先聽聞西利克鳥鳴叫，或觀察飛行方向、狀態，作為占卜依據。

「西利克鳥」在臺灣群鳥分類，屬畫眉科，稱「繡眼畫眉」，泰雅族稱「靈鳥」。

狩獵飛鼠，石屋裡，過日常

泰雅族的日常生活極簡樸，上山、工作、狩獵、飲酒、唱歌、跳舞。

過去，由於山路崎嶇，物質匱乏，族人對衣食住並不考究，平日棲居竹屋、石屋、鐵皮屋，過著自在、簡單生活；遇凶年天災噩耗，除祈求祖靈，別無對策；如遇旱象、病疫流行，憑恃命運，自生自滅。居住尖石鄉後山玉峰村、司馬庫斯、秀巒者，由於交通不便，生病就醫經常搶救不及，命喪半途。

清早喝酒，誰醉臥，田埂邊

酒，是泰雅族不可或缺的飲品，有人清早起床喝到夜半天黑，有人上了飯桌，幾瓶米酒，幾盤野菜、飛鼠肉，即為一餐；酒後的泰雅人講話顛三倒四，如層層疊疊的樂音，全然聽不懂講些什麼！飲酒文化，貴為泰雅族特色。

泰雅服飾，男戴帽，女纏巾

最能表現臺灣原民服飾特色，分為七種：筒袖、胴衣、方布、胸當、腳袢、褌、合羽等，男女裁縫方式不一，男子戴帽，女人纏頭巾；腳袢限女人使用，帽子以籐編造，中被熊皮（有月輪者），飾陶鈕。服飾大都自裝，有些華麗，有些樸素，間或有以番鄉染色者。

裝飾品有頭環、耳飾、頸飾、臂環、手頸環、指環、

▲ 日常飲酒

▲ 小米露是自釀酒類

▲ 傳統的婦人織布

▲ 泰雅服飾

腳飾等，取材自豬、鹿、羌等動物牙齒。按臺灣原住民社會成年習俗記載，各族男女達成年時，都有特別服飾、禮儀。泰雅族服飾色調樸素，以米色為主，式樣簡單，頭套裝飾綴成極具韻味的民風。

而今，經由族人努力促銷，泰雅美食、服飾、頭巾、頭帽等具風潮的流行品，在開放的多元社會占有一席地位，山豬肉、山藥大餐、野菜烹飪、小米露，同樣獲得讚揚。

茅桿穿耳，竹刺青，勇紋面

臺灣高砂族表示成年與否的穿耳與刺青習俗，有其特殊意義和階級之分。

早期的原住民，不分男女老少都有穿耳習俗，年齡限定，各族不一，需在少年期完成，如泰雅族，以

▲ 黥面老婦

一片番薯墊在耳輪後，用橘針刺穿成孔，再貫以細茅桿，如是男子，逐漸加增茅桿十數根，使耳孔加大，最後用蒲草塞入孔內。

刺青，各族傳統不一，大多數都與血族內婚有關，泰雅族傳述古代祖先只有兄妹二人，妹妹深怕為兄不肯跟她結為連理，即以煤煙敷面「欺瞞」，終與兄長結合，子孫蔓延。直到後來，煤煙敷面遂演變成在臉上刺青的「紋面」習俗。

高砂族說法，女子婚前必先刺青，男子需有一次以上出草取人頭紀錄，才得以刺青資格。

顏面刺青，男子刺在額、頤，女子從額及兩耳側，再經額、唇。刺法、線條、粗細各族不一。刺青器具有木製直形小槌、刺針、煤煙、瓢、竹筒煤煙容器、竹篦等。臺灣原住民研究專家陳國鈞研究報告：煤煙，係於黃銅鍋下焚松，等鍋子冷卻後，取貯其附於鍋底的煤煙。刺針係以縫針七枚或十枚，橫列木板，一端略長，像柄，形如牙刷。小槌長四、

▲ 黥面長老

五寸，棒形，柄部細削，使用時，將針刺入皮膚。竹篦則是用來揩抹從針痕流出的血液。

刺青儀式需時一天，長至五日，施術後，當事者顏面會局部腫脹、疼痛至無法飲食，這時，必須以竹筒盛清水，拿鳥翅浸水，就施術部位做局部冷卻，使傷口乾燥，以防化膿。

泰雅族認為，這是勇者的象徵。

迎娶夢占，玻璃珠，鐮刀禮

泰雅族約定俗成，年滿十八至二十歲男女均可成婚；成婚前，雙方約定，女方聘禮以鐮刀、短刀、鳥槍、玻璃珠、貝殼、銀錢幣等；男方迎娶以牛、豬、酒等。迎娶前先以靈鳥占卜婚期，屆時宰牛殺豬，準備酒水。

迎娶當天，男方率眾至女方家「搶婚」，擄走新娘；是夜，賓客群聚男方家讌飲，徹夜再散。

▲ 泰雅族綴飾

▲ 泰雅族綴飾

搶婚儀式與飲酒歡樂的慶典，算計不準，常使男方傾家蕩產，因此負債破產者比比皆是，較之今日，婚宴禮儀大都漢化，不過，藉婚禮狂飲水酒，積習未改。

治喪送魂，不沐浴，不食肉

歷史的泰雅族，男女老少身亡，不棺殮，只就生前著身衣服或換穿新衣，在寢床下鑿一洞穴，用以掩埋；埋葬時，家屬全員蟄居屋內放聲哭泣，期間，除寢食及婦女因汲水作飯需用水，家屬不沐浴、不梳妝、不食肉、不飲酒，如此經過七到十一天，死者配偶或直系親屬，需著粗衣素服走到屋外，邊哭邊呼喊死者名字，泰雅族稱「送魂」。

還有，若死者為夫，妻需剪髮一束，埋入夫墳旁，以烏布蒙頭，一年後乃許其再醮；治喪期，家屬要與亡者同居一室，月後棄舊屋另建新房遷居。重要的是，任何人葬後不設木主，不致祭。

除上述習俗，泰雅喪葬另有一奇特禮俗，傳說族人身亡，需將死者以藤梱束縛，置立危坐狀，擺到牆邊，屍體外包鹿皮，用於蒙面、蒙身，再用藤兩條，由上而下，結束鞏固；之後，另結一圈於頂部，再以木棍穿圈，由親屬四人抬至深山，鑿一洞穴，四、五尺，將屍首埋入，同時把死者生前所有衣物棄置墓旁，同樣不設木石標誌。

古昔泰雅族喪葬，儀式簡單，看來不拖泥帶水，乾脆利落。

▲ 傳承生命與傳統

▲ 勇氣、樂觀，是泰雅族堅韌的生命力象徵

霞喀羅古道（攝影／蔣梅珍）

紀事錄

歷史濕漉漉，像吸了水的海綿，留下幾個秋

武力鎮壓，霞喀羅事件

日治大正年間，熟識山林環境、地形、地勢的泰雅族，為掙脫日軍警統治，遠走荒僻的深山窮谷，設路障、陷阱，便於誘殺入侵的日警。大正二年（一九一三）總督佐久間左馬太親率日軍圍剿基那吉社，直到一九二六年，新竹州知事古木章光從中斡旋，以及日方前往五峰桃山村清泉部落，與賽夏族頭目趙明政締結「埋石之盟」，尖石、五峰兩鄉長達十三年的武裝抗日事件，得以暫時停歇。

其間，大正六年（一九一七）、大正九年（一九二〇）連續兩次與日警衝突、對抗，史稱「石加鹿事件」的喋血事變，最為慘烈。

由於番社與日警衝突事件層出不窮，軍警武力鎮壓、懷柔招安、以番制番、強制移居等紛紛出籠。大正十年（一九二一），官廳決議在海拔一二〇〇～二二〇〇公尺的

▲ 霞喀羅古道（攝影／蔣梅珍）

石加鹿大山鑿開「石加鹿大山越嶺道」，架設「隘勇線」直通深僻部落，遂以尖石秀巒村北側養老部落為起點，沿薩克亞金溪東岸上溯，越過石加鹿大山北鞍，延伸到石加鹿溪北岸山腰，再下切五峰桃山村，每隔二至四公里設一駐在所，沿線總計設置十八座，用於「討伐凶番」。

大正十一年（一九二二）三月完工，全長二十三公里，為日治期間臺灣駐在所密度最高的山道，昭和十年（一九三五）公布，稱這條掌控住民行動的「理番」警備山道為「霞喀羅、薩克亞金警備道路」，今日簡稱「霞喀羅古道」，警備山道沿線的十八個駐在所，僅剩六座，五峰鄉境內留存石鹿、田村臺兩座，其餘均在秀巒村。

現今的霞喀羅古道尚保留可觀的歷史遺蹟與自然生態；鄰近駐在所殘存的土牆、碉堡、砲臺、紀念碑，大面積的楓香樹、緋櫻、西施花、臺灣杜鵑、八角金盤、梅花與鳳仙花等，四季繽紛綻放，深受登山客喜愛，儼然成為秀巒村登山勝地。

戰略要地，李崠山事件

盤踞尖石玉峰村與桃園復興區分界山稜的李崠山，是宜蘭、臺北、桃園、新竹中心地帶，泰雅族稱Tapong，蕨類之意，最高點稱Rubi，草地或苔蘚之意，喻指植被茂盛、人跡罕至的意思，是大漢溪上游玉峰溪與頭前溪上游那羅溪流域分水嶺，天氣晴朗可環視部落動態，位居山林交通、殖產政策、軍事統治，重要的戰略地位。

日軍治臺撫番期間的一九一〇到一九一三年，共有三次推進隘勇線，深入桃園巴陵與尖石玉峰的大小戰役，由當時臺灣總督佐久間左馬太坐鎮督戰，大舉入侵泰雅族傳統領域，從桃園角板山步步推進後山巴陵、玉峰。玉峰村馬里科灣社與基那吉社聯合角板

▲ 李崠山堡壘

▲ 李崠山堡壘

山合歡社，伺機反擊。

不久，日軍從隘勇線侵襲玉峰村，在李崠山下方設置太田山砲臺，又稱李崠隘勇監督所，居高臨下，控制馬里科灣社與基那吉社。一九一一年，日方出動二二八二名軍警，為爭奪李崠山軍事要塞的肉搏戰，展開激烈的烽火戰役，泰雅族多次攻擊無效，李崠山制高點終遭日軍占領。

這一場護衛領域的戰役，分路剿殺到昏天暗地、屍骨遍野，日軍警戰死六十五名，泰雅族人死傷不計其數。一連三年的凶殘鏖戰，至終成為泰雅族的悲壯史事。

捍衛檜木，鎮西堡行動

根據林務局調查，鎮西堡後山擁有大遍原始檜木

▲ 看見鎮西堡（攝影／郭秀端）

林，估計至少超過兩百棵以上。成長好幾百年的紅檜、扁柏巨木，其中五分之一，大都足以躋身臺灣神木之列。過去，林務局嚴格限制泰雅族人進入自己的傳統領域狩獵、伐木，導致新光、鎮西堡的原住民與當局屢屢發生土地紛爭事端。

一九八六年代，五峰鄉林木被砍伐殆盡，林務局轉向覬覦秀巒村森林，著手前進新光部落豐沛的林木資源，風聲走漏，遭新光、鎮西堡兩部落居民強烈抗爭。

泰雅原住民的傳統觀念，護衛土地的意識優於國家存在的主張，不惜身家性命安危，與林務局爆發激烈衝突，最終，鎮西堡一帶的檜木森林才得以存留山脈之間。

二〇一四年，鎮西堡檜木群連續多日遭山老鼠以挖洞方式大量盜伐，部落居民不滿林務局護林無方，

▲ 司馬庫斯神木（攝影／蔣梅珍）

召開緊急會議，決議發動全村居民，在主要林道設置柵門，夜間封山，自行管制，全面以自力救濟方式護衛家園。

這項護林工作，直到二〇一六年十一月立法院重修森林法，嚴厲禁止竊取森林主、副產物，言明罪責與罰則：「竊取森林主、副產物，收受、搬運、寄藏、故買或媒介贓物者，處六個月以上五年以下有期徒刑，併科新臺幣三十萬元以上，三百萬元以下罰金。」之後，盜伐森林的惡行惡狀才稍微平息，然，只要森林未亡，山老鼠的活動力依舊健在，鎮西堡居民仍是不得清閒的繃緊神經，環顧捍衛家園。

耕莘青年，山地服務團

耕莘青年山地服務團，臺灣第一個關懷原住民的民間社團，是一支以北部大專院校

▲ 耕莘青年山地服務團在那羅溪畔活動

▲ 耕莘青年山地服務團在學校教室協助課後輔導

學生從事服務部落學童為主旨的公益團體。

山地服務團的成立淵源，溯及一九六七年，當時天主教耕莘文教院司鐸張志宏神父帶領臺北師大聖母會三十餘位學生，前往五峰桃山村清泉天主堂朝聖，同時體會原住民實質困阨的生活樣貌。結束清泉部落之行，師大學生滿懷嚮往持續到部落服務；是年，張志宏神父發願成立「山地服務團」，藉此訓練大專青年服務偏遠原鄉的任務，利用每年暑假，為期一個月時間，進行部落衛生、教育、康樂、技能、課業等輔導工作，服務地點從最初的桃山村清泉、茅圃，擴及尖石鄉玉峰、秀巒、錦屏、梅花等部落。

一九六八年，負責秀巒與錦屏村指導任務，爾後一連當了七年團長的加拿大籍神父滿而溢，不僅個性開朗，說得一口流利華文，尚能引經據典講故事，為團隊帶動十足樂觀與積極的作為，同時為接受大專青年服務的部落，帶來歡樂。長大成人後的錦屏村居民，對這支堅持徒步翻山越嶺，走路上山到借住學校從事服務人群工作的山服團念茲在茲，大都留下深刻印象，懷想不已。

基於維護族群平等理想的信念，原名「耕莘青年山地服務團」，一九九三年更名「耕莘青年山地學習工作團」，簡稱「耕莘山學團」，由服務者轉換為學習者、關懷者，且以互助、互重的態度和原住民相處。

本著「親愛合作，獻身服務」精神，引領社群、關懷人本的山學團，於二〇〇七年製作「泰雅四十、典藏尖石：新竹縣尖石鄉泰雅部落老照片數位典藏專題」的影像，紀錄尖石部落與山學團之間，長期合作的親密關係。

尖石揚名，番刀與部落

一九七八年，臺灣鄉土文學論戰方歇，《中國時報》所屬〈人間副刊〉主編高信疆企畫舉辦〈第一屆時報文學獎〉徵文活動，除小說獎項，高先生延續個人偏愛與

▲ 1970 年代，耕莘青年山地服務團在青蛙石野炊活動

▲ 耕莘青年山地服務團在錦屏國小

▲ 以尖石前山為主題的〈最後一把番刀〉內文

側重發展的「報導文學」，將之列入文學獎徵獎項目；評審結果，包括邱坤良、陳銘磻、馬以工、王鎮華等人的作品獲得報導文學類首獎暨優等獎。

其中，陳銘磻以紀錄尖石鄉前山泰雅族歷史、文化發展的〈最後一把番刀〉榮膺優等獎；古蒙仁以報導尖石鄉後山秀巒泰雅族生活，發表於一九七七年三月中國時報海外版的〈黑色的部落〉榮獲推薦獎。同一屆，由平地人首開紀錄撰寫，兩篇關於泰雅族歷史與人文報導的報導文學作品，啟開古老泰雅人的神祕面紗，並使尖石鄉好山好水的美名稱頌遠近。

獲選報導文學優等獎的陳銘磻，

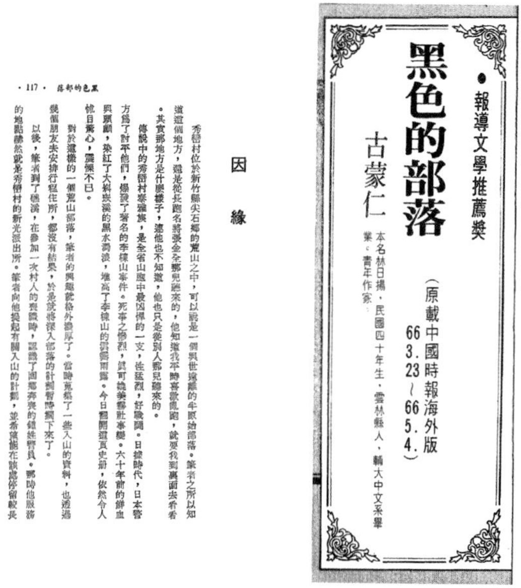

●報導文學推薦獎

黑色的部落

古蒙仁

本名林日揚，民國四十年生，雲林縣人，輔大中文系畢業。青年作家。

（原載中國時報海外版 66.3.23～66.5.4.）

·117· 黑色的部落

因緣

秀巒村位於新竹縣尖石鄉的荒山之中，可以說是一個與世隔離的半原始部落。筆者之所以知道這個地方，還是從長跑名將張金全那兒聽來的，他知道我平時喜歡亂跑，就要我到裏面去看看。其實那地方是什麼樣子，連他也不知道，他也只是從別人那兒聽來的。

傳說中的秀巒村泰雅族，是全省山胞中最凶悍的一支，性猛烈，好戰鬪。日據時代，日本警方為了討平他們，爆發了著名的李棟山事件。死事之慘烈，眞可媲美霧社事變。六十年前的鮮血與頭顱，染紅了大料崁溪的黑水濁浪，堆高了李棟山的雲霧雨露。今日翻開這頁史册，依然令人怵目驚心，震慄不已。

對於這樣的一個荒山部落，筆者的興趣就格外濃厚了。當時蒐集了一些入山的資料，也透過幾個朋友去安排行程住所，都沒有結果，於是就將深入部落的計劃暫時擱下來了。

以後，筆者到了礁溪，在參加一次村人的喪禮時，認識了同鄉豪爽的鍾姓警員。那時他服務的地點赫然就是秀巒村的新光派出所。筆者向他提起有關入山的計劃，並希望能在該處停留較長

▲ 以尖石後山為主題的〈黑色的部落〉內文

一九七〇年代曾於尖石鄉前山錦屏村那羅部落的錦屏國小、後山玉峰村的玉峰國小任教；隨後數年，陸續出版以尖石鄉人文、地景為主題的報導、小說、散文，《最後一把番刀》、《部落・斯卡也答》、《出草》、《尖石櫻花落》、《陳銘磻報導文學集》、《尖石夢部落》、《櫻花夢》、《遇見雙魚座的男人》、《花心那羅》、《忽逢桃花林》、《尋找同樣顏色羽毛的鳥》、《部落・斯卡也答》泰雅語版、《尖石風物詩》等，尤有奇者，以敘述美好尖石的山水勝景、人文特色的《尖石櫻花落》，更於二〇〇二出版當年，入選金石堂暢銷書排行榜第七名，暢行榜單持續一個月，首開臺灣

▲ 艾利颱風以「西北颱」之姿橫掃尖石

文學地景寫作，且以文學類書籍為尖石鄉觀光發展帶來莫大助益。

艾利颱風，那羅溪泛濫

二〇〇四年八月二五日上午九時五十五分，在關島西方海面形成的中度颱風艾利，以「西北颱」之姿，從淡水河口長驅直入臺灣，接連兩天二級以上的狂風暴雨，拔起路樹、吹垮屋宅。豪雨不斷，使五峰鄉、尖石鄉降下一三〇〇多毫米的驚人雨量，停電、停水、停話，山崩掩埋部分民宅。那羅溪從上游直到那羅部落以降，爆發山洪、土石流，沿岸民宅、道路、田地等，均遭水患淹沒。

時任鄉公所祕書葉長城沉痛表示，這是尖石鄉百年來遇上空前最強大的天災，「山上的道路斷了，各村落形成孤島，戶戶斷糧。鄉公所請求直升機協助空投物資，並迅速將傷患、重大疾病的村民先行載運出來，再持續將危險部落的居民遷離，道路毀損的部分，更採取上下合攻方式，從外面搶修進村，同時從村內搶修出去，便於加快修復動作。」

幸好艾利颱風未造成尖石鄉人員傷亡，但，那羅溪沿岸的那羅部落，險些遭洪水掩埋，由雲天寶鄉長建造的原民部落第一條「那羅花徑文學步道」被洪水沖毀，步道鄰近的商家面臨當前水患，無一倖免，滿目瘡痍的慘狀，讓那羅幾近毀村。

鄉民剛喘完大氣，整建工程正進行，料想不到，下一個海馬颱風緊接於九月十一日侵襲臺灣。翌日，嘉樂村第五鄰爆發土石流，掩埋下方民宅，一

▲ 那羅溪沿岸民宅慘遭水淹

▲ 部落民宅一片狼藉

▲ 那羅部落受創慘重

口氣奪走一家四人性命。鄉長雲天寶含淚說道：「前一晚，村長好不容易將這戶人家勸離，未料隔天他們竟私自跑回家拿東西，還說，溪水量變小了，不用擔心！哪裡知道水量變小，是因上方形成堰塞湖，結果潰堤下來的土石，立即將下方民宅迎擊沖毀，原本的小山溝變成滾滾黃流，民宅和馬路變成亂石堆。一時輕忽，四條寶貴的性命，就這麼一去不回。」

雲天寶強調：「經過艾利、海馬颱風的考驗，如今村民都明白防災避難的重要性，以幅員廣大的尖石鄉來說，從鄉公所到最遠的鎮西堡部落五十公里，搶救災情的動作不能枯等上級指示。居民、社區自主的防災避難機制非常重要，這才是護衛生命財產最重要的保命符！」

面對百年來最大天災，尖石鄉隨後進行那羅

溪、那羅部落、油羅溪上游、義興地區、嘉興國小等野溪整治、護岸、固床工、擋土牆、防砂壩等工程。

水路改道，馬里光災厄

二〇〇四年艾利颱風過境，位於大漢溪中游的石門水庫淤砂量增加到二七八八萬立方公尺，直到二〇〇六年，政府編列特別預算二五〇億元，作為石門水庫及其集水區整治經費。這筆龐大的特別預算，是要繼續用在上游建造攔砂壩，還是……。如何才能讓大河、山林、部落的安全取得共識，確實是相關單位必須面對的嚴峻課題。

然而，身為大漢溪源流的塔克金溪和薩克亞金溪下游、馬里科灣溪上游的秀巒攔砂壩，卻在河道

▲ 馬里光的災厄

▲ 馬里光玉峰溪

蓋了條魚道，魚道無水，水壩淤滿砂礫，失去攔砂作用，為了蓋攔砂壩、興建魚道，兩旁植被綠林的山壁被爆破，成為大型水泥擋土牆。

回頭探看玉峰村，部落門前山壁出現大崩塌，由崩塌地推測，該處既是原始闊葉林，興建於一九九八年的玉峰攔砂壩就在下方，當年為了蓋壩，以炸藥爆破山壁，造成攔砂壩下游堆積紛沓崩落的土石，完工僅一年，玉峰攔砂壩便淤滿砂礫，讓原本充滿美好水岸風景的馬里科灣溪黯然失色，部落居民進行護溪、護魚的行動，形同遭到阻斷。

二〇〇四年又遇艾利颱風侵襲，河床變樣、河道滿布礫石、山壁被淘空、邊坡滑動、道路流失，加上過去以來的濫砍，大量樟木、紅豆杉、櫸木的樹頭腐爛，造成水土根基不穩，部落居住環境與森林不斷遭受衝擊，同樣面臨重大危機。

天災形成，人為破壞，舊痕新傷，跟水路改道、攔砂壩興築不當是否互為因果關係？

比麟水庫，誰要這東西

二〇〇九年，八八風災造成河川、水庫泥砂大量淤積，導致缺水問題更加嚴重。尤其，北部地區為因應石門水庫淤砂超量，經濟部水利署並非以整治大漢溪上游形成的淤積問題處理，反而於同年三月提出計畫在尖石鄉前山興建比麟水庫，在後山興建高臺水庫的「偉大建設」，企畫書考慮採取越域引水方式，一方面供應竹科三期用水，並為大漢溪中游的石門水庫攔阻砂石。

報告書清楚載明，比麟水庫以頭前溪上游的那羅溪、油羅溪為規畫範圍，將水庫位置設在錦屏村比麟部落。部落居民評估，水庫興建完成，可能淹沒的範圍，除了錦屏村，尚包括鄰近的梅花村，共計約一一○戶居民住在淹沒區，可能面臨補償或搬遷的問題。

計畫興建的兩座水庫一旦完成，前山比麟、梅花、天打那、吹上、小錦屏五個部落將遭淹沒；後山秀巒、養老等數個部落的耕地，以及交通要道竹六○、秀巒國小、秀巒衛生所等，都將沒入水中，可能連觀光勝地司馬庫斯部落也將遭到劇烈衝擊。

消息傳開，包括前山五村、後山二村，超過三十

▲ 保護我們的家園（翻攝自公視新聞）

▲ 不能離開祖宗留下來的土地（翻攝自公視新聞）

梅花(部落)和那羅(部落)

▲ 成立反興建水庫自救聯盟（翻攝自公視新聞）

林南忠
這些人文的部分都破壞殆盡

▲ 泰雅人文會遭興建水庫破壞殆盡（翻攝自公視新聞）

多個部落，陷入高度恐慌。

這項建造新水庫的計畫，無異跟一九五六年引大漢溪興建，歷時八年竣工的石門水庫一樣，不僅造成占地八十公頃的卡拉社消失，還犧牲四百多戶住家，三千多人被迫搬遷、家族拆散，事隔五十餘年後，才由桃園市長鄭文燦全面妥善處理完成。

難道眼盲的相關單位還想使遷村慘劇持續發生，讓錯誤的歷史重複上演嗎？

後來，水利署在網頁說明：比麟水庫仍屬規畫階段，尚未決定興建。但尖石鄉地方人士與環保團體都抱持懷疑態度，認為政府可能隨時會把政策拿上檯面，如果不緊急結合地方力量，不久後，將和當年居住石門峽谷的卡拉社的命運一樣，喪失掉賴以生存的家園。

在錦屏教會傳道的羅金郎說道：「我們完全不清

楚要興建水庫這回事，起先是有幾個外地人進到部落勘查，大家還以為是來參訪調查的，直到後來見到大型機具進入部落，準備進行大規模地質鑽探，大家才了解事態全貌。後來是由幾個部落年輕人聯合勸退探勘人員。」

自此，緊鄰那羅的比麟部落，以及錦屏村的住民開始有了強烈的危機意識。

二〇一〇年十月九日，由尖石鄉基督教長老教會，邀集各部落意見領袖，成立「尖石鄉反興建水庫自救聯盟」，與會牧師、長老、村長與各級代表等都強烈反對興建比麟水庫。另外，荒野保護協會、臺灣原住民族政策協會、臺灣基督長老教會泰雅爾中會、臺灣基督長老教會原住民族宣道委員會、清華大學反比麟水庫工作隊、新竹縣尖石鄉玉峰社區發展協會、基那吉馬里光部落聯盟、嶋繞部落發展協會、大嵙崁溪流域守護聯盟、那羅生態協會等十個團體連署加入聲援。反興建水庫自救聯盟並發表宣言，指興建比麟水庫、高臺水庫，泰雅族人的生命將遭淹沒，傳統文化勢必消失、流離失所。

在澳洲從事森林保育超過四十年的環運人士、雨林資訊中心主持人John Seed也趕赴聯盟成立大會現場聲援，並彈唱一九八〇年代澳洲反水庫之歌，鼓舞尖石鄉民勇敢對抗不公不義的入侵者，還特別強調：「當時我們的原住民和環團合作，集合三千位有志之士到水庫預定地，進行非暴力抗爭，最後，大選政權易主，政府中止了計畫。」

當然，團結力量大，截至目前，興建比麟水庫、高臺水庫的聲浪，暫時停歇。

文學鄉長，續任十二年

二〇〇二年三月一日就任第十四屆尖石鄉長的雲天寶，到職後的重大建設之一，在錦屏村那羅部落建造「那羅花徑文學步道」，被中外媒體讚譽為「文學鄉長」。自此，始終抱持「土地若無文學，就不會有文化、藝術和產業」的胸襟，辛勤耕耘尖石；先後當選第十四、十六、十七屆，總計十二年的鄉長，誠屬臺灣地方政事的創舉，更是為服務鄉里締造無法抹滅的歷史紀錄。

▲ 第 14 屆尖石鄉長就職日，作家林文義、陳銘磻、龐新蘭等人前往觀禮道賀

▲ 2002 年 1 月，初次參選尖石鄉長，高票當選

出生那羅五部落的雲天寶，年少時代，便是個溫順書生氣的男子，對故鄉山川風物的建設發展關懷備至；就讀南亞工專學習理工，未能讓他發揮所長，學業完成，遠赴桃園、臺北、臺南短暫就業。因心繫故里，雖多次返鄉，前進深山研發蔬果，揮灑對農產栽種的心願，結果徒勞無益而返。

然，這些農產實驗過程，後來竟成他投身政治，服務桑梓的養分。

返鄉初期，他在竹東街區經營「東昇書店」，受書籍閱讀的影響，讓一心想回故鄉服務的年輕人，投入政治行列，參與縣議員競選；天佑苦心人，連選兩任八年縣議員，使他為族人謀取生活福利的願望，逐一實踐。爭取地方建設經費、拓寬產業道路、護衛山林田園、

▲ 主持年度桂竹筍節活動

▲ 在那羅溪文學林主持活動

加強防洪設施、推廣泰雅文化等，讓進化中的故鄉，得以大幅改善環境、生活品質，同時發展觀光。

肯踏實做事的人，必得好人緣。後來又當選、連任鄉長，認真帶領族人整治土地，改善生態環境，以農業文化發展觀光，藉尖石鄉得天獨厚的山水仙境，推動國民旅遊。

立意建設占有新竹縣總面積三分之一廣闊幅員的尖石鄉，實非易事，農業發展、山林整建、審慎面對水土保育、交通狀態、族人福利、身家安全，十二年來，以眷顧鄉民福祉為治鄉最優先的雲天寶，近年，運用土地、河川的美學質地，結合山林、水域、櫻花、美食、文學，創建全臺絕無僅有的「那羅溪文學林」，以及傳揚地方軼事與電影拍攝場景所延伸的「青蛙石天空步道」，把藍天、綠林、曠野、雲霧、流水、清風，還諸天地，再用會呼吸的大自然、天然溫泉、山水美景、農產豐收慶典，牽動鄉境遼闊的水景生態旅遊。

常年遭受天災無情侵襲，尖石鄉美好的山川地景未見褪色，漫長十二年的公僕生涯，雲天寶不斷思索，如何藉由整飭與修葺，使山林川澤永保無虞？如何讓鄉民安度好日？細節雖微小，絕對親力親為。多年來，他一心一意還原錦屏村恢復新竹縣志記載「錦屏觀櫻」八景十二勝的美麗景致，意欲營造每一個村落都能成為理想的夢幻部落，從而讓尖石鄉的農林本業、觀光事業、文化產業，得以持心秉志，永續發展，榮耀泰雅族金燦燦的新人文現象！

他做到了，鄉長職務續任十二年的雲天寶，在天災地孽頻繁的自然環境，考慮天地造化難料，格外注重大局，保持從容的魄力對應，讓尖石鄉不見方三日，樹上滿櫻花，鯝魚來噴水，歌聲、笑語縈繞遍地紫陽花，紅一朵，藍一朵。

▲ 尖石鄉總頭目（截自羅信臉書）

司馬庫斯雲海（攝影／蔣梅珍）

風物詩
壯麗後山・塔克金溪流域

清晨熟睡中，陽光已照亮大地，整天曬不絕

塔克金溪流域人文地景

起源大霸尖山東麓標高二五三〇公尺處，品田山北側標高三一〇〇公尺處的塔克金溪，後段稱泰崗溪，北流連結群山溪水，繞行金孩兒山之東，稱他給仁溪；後與另一條源自大霸尖山北麓，繞行金孩兒山西邊的大也干溪，原稱薩克亞金溪，後段稱白石溪，溪水先向東北湍流，隨後折向西北，經臺灣最深僻的原住民部落司馬庫斯、鎮西堡、新光，在秀巒控溪吊橋附近匯集，改稱馬里科灣溪，又名玉峰溪，往北流，轉東方，至桃園市復興區下巴陵與三光溪匯流，形成舊名大嵙崁溪的大漢溪；過龍潭、大溪，往鶯歌、三峽、土城，於板橋與新莊匯流新店溪成淡水河，川流萬華、三重，又在關渡匯集基隆河，最後從淡水油車口出臺灣海峽。

身為北臺灣主要河流淡水河系大漢溪源頭的尖石鄉後山塔克金溪流域，地廣人稀，

▲ 司馬庫斯之晨（攝影／蔣梅珍）

▲ 遠眺司馬庫斯（攝影／蔣梅珍）

▲ 司馬庫斯櫻花道（攝影／蔣梅珍）

被劃分為包括：田埔（Tabaho，1～3鄰）、秀巒（控溪，Sibokke / Habun-Tunan，4～5鄰）、泰崗（泰亞崗，Thyakan，6～7鄰）、新光（司馬庫斯，Smangus-Knazi，八鄰）、鎮西堡（Cinsbu，九鄰）、錦路（Kinlowan，十～十一鄰）、養老（Yolo，12鄰）、栗園（塔拉卡斯，13鄰）等部落的秀巒村。

還有，包括玉峰溪北岸：玉峰（Llyung / 馬里光，Malikoan，3～5鄰）、宇老（Urao，1～2鄰）、宇抬（Utai，6鄰）、下文光（Ulai，烏來，7鄰）、泰平（巴托爾，

▲ 寧謐的司馬庫斯（攝影 / 蔣梅珍）

Battoru）、馬美（Mame，8鄰）、李埔（Ribo）、馬石（Basu）。玉峰溪南岸：石磊（谷立，Quri，9～10鄰）、平論文（Perumoan，11鄰）、抬耀、上抬耀（臺亞夫，Taiyax）、下抬耀／帛納外（帖立克社，Telikku，12～13鄰）、司馬庫斯（Smangus-Mrqwang，14鄰）等部落的玉峰村。

寫過《重返桃花源—展開賽德克族裔尋根旅程》一書的作家陳若曦，用心看尖石、山水，看泰雅族人。她形容尖石鄉的山水：「山色怡人、族情醉人。」

曾任職中國時報開卷版編輯的小說家季季，喜歡縱情大自然，對尖石的綺麗山水，說道：「每一座山谷，都是我們永遠的夢鄉。」

熱愛尖石，居住新竹市的已故作家邵僩寫道：「我在夢中，傾聽到遠方，山水的呼喚，歌唱，揉一揉眼，看到青翠在跳舞，哦，尖石！我的朋友，請讓我貼近，小米酒的心跳。」

已故詩人羅門，對泰雅尖石充滿期許，他說：「你們活在大自然的壯麗與純樸中，原原本本、永永遠遠，月光伴著你們安安靜靜入眠，太陽陪著你們笑亮整個白晝，幸福歡樂寫進春夏秋冬。」

電影導演吳念真說：「司馬庫斯，全臺最偏遠的泰雅部落，或許從來沒想過有人會

▲ 宇老觀景台

在這樣的地方生活、生存、繁衍子孫。或許更沒有想到有人會把他們的關懷和愛，用最實際的行動散播到這裡來吧？而我從雙蓮山地醫療隊無怨無悔的付出，看到關懷與愛在這個與世隔絕的後山蔓延。」

唯雲在此，唯霧在此，雪落玉峰村

〔冬・迷霧〕宇老觀景臺

坐落尖石鄉前、後山分界點的宇老部落，海拔一四五〇公尺，擁有豐富的昆蟲、植物生態。宇老結社超過三百年，最早自南投縣境遷徙過來，後因人口激增，耕地不足，部分族人向外遷移至那羅、西拉克（新樂村）、馬美、馬石、李埔。

從那羅部落前往後山玉峰、秀巒、司馬庫斯，必先過

▲ 宇老觀景台

站宇老；宇老泰雅語稱Quri，因居高地，形成山坳風口，加上氣溫低，造就特殊景觀，俗稱「鞍部」，從鞍部前方可眺望後山玉峰村、玉峰國小、秀巒村等雄偉群峰，天氣晴朗時尚可遠眺大、小霸尖山；派出所左側居高臨下，能見前山那羅溪及那羅部落風貌。

清晨日照灑落宇老部落，山脈綿延起伏的宏偉氣勢，在陽光躍進下，投影出一幅金光閃耀、山河氣壯的磅礴圖騰，揮手臨風，登時神清氣爽；適逢日和晴朗的黃昏，宇老的夜空籠罩月華星光，輝耀絕美景色，使人悸動；若遇寒冬，山頂霧氣迷濛，時有瑞雪紛飛，形成一幅空闊景象，蔚為尖石鄉絕佳賞景點。近年，鞍部風口建有觀景臺，眺望遠山近樹，一片綠意盎然山色，構成寫實風景，十分迷人。

鄰近宇老觀景臺設有零星小攤，專賣部落現採現煮農產品，烤玉米、臭豆腐、筍湯、香菇肉羹湯、煎餅、季節

▲ 宇老觀雲海（攝影／蔣梅珍）

▲ 從宇老觀景台遠眺大小霸尖山

性蔬果，生意極好，假日車滿為患，不易停靠。少數具特色的餐飲店，口耳相傳，以「以娜的店」最負盛名。

〔夏．碉堡〕李崠山古堡

李崠山位居宜蘭、臺北、桃園、新竹中心地帶，泰雅語Tapong，日治時期隸屬內灣馬里科灣社、卡澳灣社、後山馬里科灣社、基那吉社四大族群的傳統領域。如今的李崠山，屬臺灣小百岳之一，頭前溪源頭那羅溪的本源，有山徑通往北邊四．五公里的鳥嘴山、西邊三公里的大混山。

攀登李崠山，深山僻路，坡地陡斜，沿途林木繁雜、鳥鳴不絕，登山客的最愛，氣象局於此設立探測站。

海拔一九一四公尺的李崠山頂，聳立一座日人搭建的攻防城堡，是日治明治四十二年（一九〇九）「李崠山事件」的交戰地；憑高望遠，可環顧鄰近部落、城鎮

▲ 李棟山莊

▲ 前往李崠山的山路

▲ 李崠山沿途

▲ 李崠山堡壘

的動靜，屬尖石鄉唯一存留的歷史古蹟。

前往李崠山古堡可由宇老派出所前叉路，取左側產業道路續行，車程約二十分鐘，即達李棟山莊，建構樸實的山莊是前行李崠山的登山口，也是一間民宿；繳交清潔費後，從山莊側邊山徑徒步攀登前往古堡。

登山路程約需一小時餘，路況崎嶇，時而寬敞，時而險峻；沿途山色，到處原始森林，植物生態繁茂，及至落腳古堡，眼下所見，僅是一座廢棄古戰場；斷壁頹垣、破敗荒涼的古堡呈方型，坐南朝北、雜草叢生，卻是登山客健行的中途休憩站。

〔夏．山景〕司馬庫斯

部落長老相傳，從前有個叫馬庫斯（Mangus）的人，率領若干族人，從南投縣仁愛鄉Pinsbkan（今瑞岩部落），到雪山北支稜線東泰野寒山附近落腳，建立聚

▲ 司馬庫斯櫻花步道（攝影／蔣梅珍）

▲ 司馬庫斯瞭望台（攝影／蔣梅珍）

▲ 司馬庫斯美景（攝影／蔣梅珍）

落，綿延血嗣，後代子孫遂將部落取名「司馬庫斯」，以為紀念。

後來，部分族人分別往北、東不同方向遷徙，其中一支前往塔克金溪左岸的鎮西堡、新光，繼續擴展至泰崗、秀巒、田埔等地，這群人稱作 Knazi；另一支朝塔克金溪右岸的司馬庫斯前進，繼續向北擴展至玉峰、那羅，形成 Mrqwang 支族。司馬庫斯與同屬 Mrqwang 族的玉峰、那羅等地關係相近，卻與一河之隔，屬 Knazi 族的新光部落關係疏離。

稱作「上帝的部落，泰雅的故鄉」的司馬庫斯，位於新光部落東方，東泰野寒山西方支脈，海拔約一五〇〇公尺緩斜地，是尖石鄉最僻遠領域，同時是北臺灣山脈制高點，極高處可見境內各流域。居民不多，交通不便，一條僅能通行中型巴士的產業道路，是村民對外唯一的聯絡要道。

▲ 司馬庫斯（攝影／蔣梅珍）

▲ 司馬庫斯（攝影／蔣梅珍）

轄區內著名的司馬庫斯古道，全長四十公里，路隨山轉，所經之處大抵峭壁危崖、叢林密布，充滿原始況味，碎石坡道可清楚看見泰崗溪谷，登山客咸認是一條刺激性與冒險性兼具的登山道。另外，司馬庫斯神木群，林相變化萬千，是登山客最愛。

多年來，司馬庫斯族人用心護衛家園，規畫屬於部落獨特的生活主張、秩序，致使這座名聞遐邇的神祕部落，成為旅人津津樂道的勝地。

尖石鄉，因司馬庫斯而光大，雄奇景致，教人迷醉。

〔秋．神木〕司馬庫斯神木群

距離部落約兩小時路程，地處一六〇〇公尺中海拔，晨間與午後多雲霧的司馬庫斯神木群，

▲ 黃昏的司馬庫斯（攝影／蔣梅珍）

▲ 司馬庫斯神木群登山口（攝影／蔣梅珍）

擁有全臺最豐饒的檜木原始林，達五十平方公里。一九九一年被族人曾振川等人發現，估計有二十餘棵樹齡超過千年。

根據一九九五年林務局公布的全臺十大神木排行，第二和第三大棵都在司馬庫斯；名列第二的稱「神木爺」，樹身雄偉，呈「人」字型，周長二〇．五公尺，高三五公尺，樹齡約二五〇〇年，頗為碩大、壯觀。

〔夏．戲水〕玉峰溪

從宇老觀景臺右行，往秀巒村的通道約五百公尺叉路處左轉，下坡直行，即可抵達玉峰村、玉峰國小。這條玉峰道路是尖石鄉前行桃園復興區主要幹道。

▲ 司馬庫斯神木（攝影／蔣梅珍）

▲ 司馬庫斯神木（攝影／蔣梅珍）

▲ 司馬庫斯神木（攝影／蔣梅珍）

▲ 玉峰溪

▲ 玉峰溪

日治昭和八年（一九三三），玉峰國小創校，坐落源自秀巒村塔克金溪（泰崗溪）、薩克亞金溪（白石溪）匯流處，原名叫馬里科灣溪的玉峰溪下游。

被鄉公所規畫為親水區的玉峰溪，流經玉峰國小前約五百公尺處，在馬里科灣河川保護協會的泰雅竹屋處折回右轉，即可抵達。戲水、露營皆相宜，玉峰溪玉峰段的河面寬闊、流水潺潺，兩旁錯落大小不一的奇岩礫石，溪水清澈可濯足、浸身，當陽光灑落河面，清晰可見苦花魚閃爍銀白色光芒，在河面交織粼粼水光，使人讚嘆不已。

水流飛濺的玉峰溪，多曲流，多礫石，河床寬闊，近年來成為後山戲水祕境。

〔秋．苦花魚〕玉峰大橋

橋長一四〇公尺，寬八公尺的玉峰大橋位於玉峰

▲ 玉峰村雜貨店

▲ 新玉峰大橋

村境內，為石磊道路跨越玉峰溪的過水橋梁，也是尖石鄉通往桃園市復興區要道。

原為鋼筋水泥搭建的舊玉峰大橋，部分橋墩長期遭玉峰溪滾動的岩石、礫石沖擊，導致鋼筋斷裂裸露，受損嚴重，尖石鄉公所考量用路人安全，並計畫結合玉峰村自然生態及人文資源，有效發揮觀光效益，帶動旅遊人潮，依據「原住民族集居部落主要聯外道路改善計畫」

▲ 舊玉峰大橋

▲ 玉峰溪

▲ 玉峰溪流經玉峰大橋

申請補助辦理玉峰大橋改善工程，行政院原住民族委員會於一〇二年一月卅一日核定總工程費一億四〇〇萬建造，二〇一四年十一月十八日整修完成通車。

這座新建完成，「提籃式鋼拱」造形的紅漆大橋，與玉峰村的山巒、溪河，起伏融合，成為尖石鄉氣派十足的旅遊名景，尤其玉峰溪禁釣期限結束，假日的玉峰大橋下，經常聚集上百釣客，開釣超過二十公分長，肥美的苦花魚。

〔春・櫻〕石磊部落

石磊部落隸屬玉峰村第六鄰，村民大都為泰雅族賽考列克亞族的馬里光群，先祖約在三百多年前，從南投縣仁愛鄉北港溪源頭力行村翠巒社，輾轉攀山涉水到此定居，後來又在大漢溪上游，接近玉峰溪下游沿岸，鄰近桃園復興區三光村，建立十幾個小聚落，

▲ 部落竹屋

▲ 部落春櫻

▲ 玉峰溪

▲ 玉峰溪流經石磊部落

▲ 往太平部落的道路

隱山而居；是尖石鄉後山前往桃園復興區必經之路，村落種植不少水蜜桃。

從玉峰往石磊部落，沿玉峰道路而行，山路旁可見壯闊的玉峰溪，自疊嶺層巒的青色山脈奔流而下，奇山水景一覽無遺；尤其玉峰道路與石磊道路交會處，沿途遍植山櫻，春季滿山遍野盛開的櫻花，染紅了玉峰、石磊單調的山村道路。

〔春・水蜜桃〕泰平部落

泰平部落又稱太平，族人稱 Battoru（巴都羅），位於馬里光溪左岸，泰平山南方山腹，與桃園復興三光村砂崙子社比鄰。日治晚期的一九四〇年代，族人持續從可里伊社遷徙，結社成部落。

▲ 水蜜桃樹

▲ 尖石特產水蜜桃

▲ 水蜜桃

由於泰平地勢和鄰近桃園復興區的砂崙子、爺亨部落相似，多高山、斜坡地，缺乏合適耕地，部分族人後來又陸續遷移前山那羅、西拉克居住，如今的泰平部落住民所留無幾，山區田地，大都種植水蜜桃、水梨。

〔夏．納涼〕馬里光瀑布

被大山環繞成山谷的玉峰村，村舍稀疏散落，多山多水，擁有多處人跡罕至的大小瀑布；源自玉峰、抬耀兩大山系的馬里光瀑布群，位於馬里光溪左岸，海拔七〇〇至一三〇〇公尺之間，包括石磊瀑布、抬耀瀑布。

屬玉峰村玉峰溪支流，石磊溪上游的馬里光瀑布，高八十餘公尺，寬三十餘公尺；

▲ 馬里光

▲ 馬里光瀑布群（載自尖石鄉公所網頁）

從峻峭嶙峋的山壁密林傾瀉而下，水勢湍急，氣勢磅礴，十分壯闊。由於溪水斷層分布其間，落差大，瀑布水量豐沛、水質潔淨，以石磊瀑布與形成S形的抬耀瀑布最壯觀。

　這個瀑布群擁有大小不一的雪白瀑布參差其間，垂直而降的水聲，迴盪溪谷，時而輕緲

▲ 上抬耀部落

▲ 馬里光昆蟲生態

幽遠，時而嘩啦作響，好似一首氣壯山河的交響樂章，樂音濃重，聲息相和；間而聽聞蟲鳴鳥叫，清音斷輟，與水響齊聲裊繞出一段無休止符的山林協奏曲，啊！是水在呼吸的聲音。

前往馬里光瀑布的路況不佳，山路多泥濘、礫石，需著輕便衣褲，由玉峰村玉峰國小經石磊道路可達。

我去你留，潺湲清水，楓紅秀巒村

〔夏・紫陽花〕鎮西堡

約三百六十多年前，鎮西堡村民從南投仁愛鄉力行村紅香部落遷徙而來，直到日治時期，日警認為社居深山，剽悍的耿納濟群，難以管理，命令頭目率社眾遷往馬胎。日治之後，瘧疾橫行部落，族人惟恐流行病會斷絕子嗣，遂由長老率部族返回舊址，重建鎮西堡。

位於新光部落南邊山腹，基那吉山北走脊嶺東側山腹的鎮西堡，是個令泰雅人引以為傲的人文部落，一個引人嚮往，神祕的絕美聚落，自然景觀維護得宜，名震遐邇。

屬松木群系雪霸山脈的鎮西堡，海拔一七二〇公尺，是全臺地理位置最高的山地部落，同時是攀登大霸尖山的入山口；泰雅語「Cinsibu」釋義「鎮西堡」三字是：「清晨熟睡中陽光照亮大地，整天日曬不絕，直到黃昏；白晝溫暖夜晚寒冷，使病蟲絕跡，作物生長良好的美麗土地。」

作家古蒙仁說：「早晨的秀巒村，淡紫色的山嵐輕掩下，總是顯得出奇的寧靜和平。」自然之美人人喜愛，可真正的自然之美不易尋得，秀巒村寧謐風光、鎮西堡雄奇

▲ 鎮西堡秋楓（攝影／蔣梅珍）

▲ 鎮西堡美景

▲ 鎮西堡

景致，使人迷戀。作家張時坤在他的作品，刻畫秀巒村之美，寫道：「當我們踩進爺巴堪溪岸，就被那清澈的溪水和錯列的岩石迷住，真的，溪流無比溫柔，誰都願脫掉鞋子，捲高褲管，愉快的將雙足泡進水中，享受清涼的撫慰；岩石安穩可靠，坐上去可傾聽幾步外瀑布的怒吼。」

鎮西堡，愛戀原始自然的象徵，生動極致的森林美貌，哇！遍地紫陽

▲ 鎮西堡秋楓（攝影／蔣梅珍）

▲ 鎮西堡紫陽花

▲ 新光國小植物生態

▲ 新光國小大自然教室

花、野百合。

〔秋・森林小學〕新光國小

新光部落位秀巒產業道路終點，屬新竹縣境最後一個部落，也是聚落最高點的部落。新光國小同時是新竹縣海拔最高與最偏遠的國小，一九五二年創校，學生人數大都五十餘位，校區沒圍牆，教室十數間，學生到校不必穿制服、不用帶課本。

學校操場後方植有數十排杉木林，杉木之間懸置一塊資源回收的老舊黑板，就地取材，拿枯木當椅子，供為學生戶外教室使用，數學、國語、自然、社會或母語課，全都可以在此學習。

尤其，夜晚的操場上空，滿天星斗，閃爍數不盡的璀璨銀河，好比童話繪本中，晶亮的美麗星空，使人陶醉。唷，墨綠色的杉樹梢上，星辰美得可摘。

▲ 新光國小運動場杉木林

▲ 新光國小

這座聞名全臺，被遊客公認最特別的「森林教室」，清幽的環境，壯麗的山水景致，曾被麥香紅茶選為電視廣告拍攝背景地，也是登山客到訪新光部落的必經之地，清平景色，值得遊覽。

〔夏・教堂〕鎮西堡教堂

位於基那吉山東北側山腹的鎮西堡，有座建築風貌典雅，散發迷人風姿的石砌教堂。

「鎮西堡」是泰雅語 Cinsibu（東徙步）的漢譯，曾任新竹縣議員的阿棟・優帕司牧師，是推動鎮西堡維護自然景觀與生態保育的重要推手，他結合村民力量，在一九八〇年代中期，利用秀巒溪石與花蓮白色大理石，耗時十年餘，在小山丘砌築一座灰白相間，充滿泰雅風格、氣派恢宏的教堂，作為村民信仰中心。

教堂園區景色優美，對岸壯闊的青色山脈近在咫

▲ 鎮西堡教堂

▲ 鎮西堡教堂

▲ 鎮西堡教堂

▲ 鎮西堡教堂內部

尺，彷彿貼近眼前，使人驚異不已。這座教堂距新光國小約三十分鐘腳程，坐落山崖邊，內部裝潢簡單，充滿高雅不鄙俗的莊重氣息。園區設有民宿數間，優閒寧靜，貴為世外桃源，寄宿於此，可感受山林幽謐之美；這裡同時也是前往鎮西堡神木群的起點。

〔冬・神木〕鎮西堡巨木群

鎮西堡擁有數百棵神木組成巨木群，從鎮西堡登山口出發，三至四公里即可抵達。這個區域，每年三月中旬，滿山遍野桃花，蔚成一片花海，使人目不暇給。

鎮西堡神木群分兩區，路徑行程建議：

【第一區】

鎮西堡↓登山口↓走約二十分↓大岩壁

▲ 鎮西堡神木（攝影／蔣梅珍）

↓再走十分↓瀑布↓走約三十分↓十一號水源↓陡坡↓走約三十分↓轉岔點↓左轉↓可見皇后神木↓轉岔點↓右轉↓走約六十分↓營地↓走約十五分↓遇見扁平神木↓走約三十分↓遇到毒龍潭↓轉岔點↓陡降坡↓走約三十五分↓左轉↓走約十分↓三號水源橋↓再走三十分↓回最初的登山口（本區全程約時六至六・五小時）

【第二區】

鎮西堡↓登山口↓走約三十分↓三號水源橋↓陡升坡↓四號水源↓走約十分↓營地↓走約三分↓五號水源↓再走約二十公尺↓右轉↓神木群↓用約六十分鐘環走十五棵神木↓循四號五號水源↓回登山口（本區全程約時四至五小時）

▲ 秀巒塔克金溪（攝影／蔣梅珍）

〔冬・溫泉〕控溪溫泉

日治時期的秀巒溫泉稱控溪溫泉，為一天然野溪溫泉，泉溫約四十五度，屬鹼性碳酸泉，水質清澈，無色無臭，入秋後到溪畔天然浴池泡湯，並可享受楓紅景色。

二〇一四年十一月，尖石鄉公所開發導引這種鹼性碳酸泉進入部落，營造秀巒村成為真正溫泉的故鄉。同年十一月八日開幕的秀巒溫泉，透過「把文學種在土地上」活動，邀請文學家白靈、愛亞、莊華堂、傅月庵、李勤岸

▲ 秀巒控溪溫泉開張日，鄉長雲天寶與作家愛亞主持儀式。

▲ 秀巒塔克金溪（攝影／蔣梅珍）

▲ 文學作家在秀巒溫泉，圖右後為喜歡尖石，已故的年輕媒體人汪仲豪。

▲ 白靈、李勤岸、愛亞、莊華堂等作家在秀巒溫泉

▲ 秀巒控溪溫泉源頭（攝影／蔣梅珍）

等人走訪，把秀巒部落泡湯、賞楓、泰雅風味餐的特色，傳達給更多喜愛山林、秋楓、溫泉的朋友。

〔秋．紅楓〕秀巒楓香林

馬里光溪上流，秀巒溪與塔克金溪會合處，西南方溪谷的秀巒村，相傳是泰雅族向北、向東移民的必經之道。

秀巒村民屬泰雅族賽考列克亞族，跟尖石鄉其他部落一樣，都是三、四百年前從南投仁愛鄉沿中央山脈遷徙而來，秀巒是全村七個部落的村治所在，泰雅名「篤難」，意為市集，是以往鄰近部

▲ 秀巒田埔（攝影／蔣梅珍）

▲ 秀巒秋色（攝影／蔣梅珍）

落族人，聚集河谷盆地以物易物的場所。

秀巒村同時是尖石鄉最大的水蜜桃和溫帶水梨產地。

從舊秀巒檢查哨進入秀巒村，得見充滿原始景觀的山林，生態資源豐富的尖石鄉，以秀巒村廣大幅員令人神往，這裡蘊藏的稀有植物、昆蟲生態，難以計數，遊走秀巒，當可從中領受自然界無限驚奇。尤其深秋季節，滿

▲ 秀巒楓林（攝影／蔣梅珍）

▲ 秀巒迷人的層層楓葉（攝影／蔣梅珍）

▲ 河岸軍艦岩（攝影／蔣梅珍）

山遍野的紅楓，媲美詩畫，如幻似夢，彷彿進入不可思議的神祕世界，遊客莫不嘖嘖讚嘆。

〔秋・苦花魚〕軍艦岩

距秀巒三百公尺，往新光部落的產業道路，白石溪與泰崗溪匯流處，有一塊巨石，貌似兵艦，被取名「軍艦岩」，神氣活現佇立溪谷，這座好比氣勢威猛，銳不可當的艦艇，停泊港灣，蓄勢待發的巨岩，彰顯出氣派非凡的模樣。

水雕的軍艦岩，躺臥清澈的薩克亞金溪谷，突出平坦溪床地，岩壁頭頂楓紅層層，沿途鳥囀鶯啼，行到控溪吊橋，可清晰看見軍艦岩壯碩身軀及泰崗溪谷。

軍艦岩所屬的薩克亞金溪，棲息大量苦

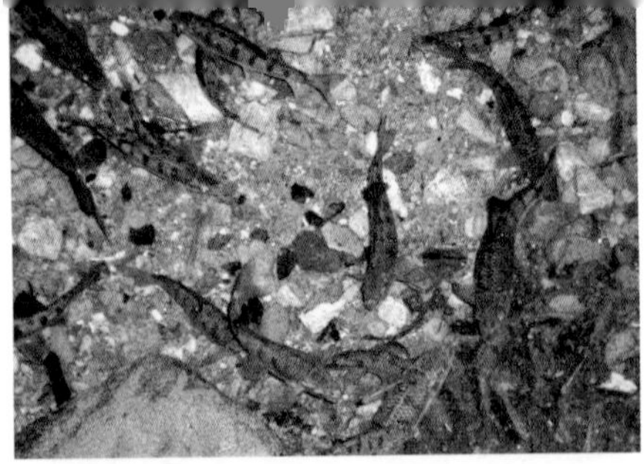

▲ 學名鯝魚的苦花魚

▲ 軍艦岩（攝影／蔣梅珍）

▲ 軍艦岩

花魚，自在悠游。據稱，軍艦岩溪澗是學名「鯝魚」，又名「苦花魚」的故鄉，苦花魚性喜清澈溪河，一旦水質出現汙染，就難以生存，可以想見，薩克亞金溪清淨的水質，十分潔淨、豐沛。

午間陽光，讓軍艦岩的溪水渲染出七彩光澤，這是尖石鄉傲人的自然資源、遍布奇岩的大器山林。假日期間，被稱「秀巒石城谷」的峽谷，盛行獨木舟，蔚為奇觀。

〔秋・竹林〕泰崗溫泉

秀巒部落東南端的泰崗，又稱泰耶干、泰亞干、大也甘。淡水河系大漢溪源頭的塔克金溪，即為泰崗溪，因流經泰崗而取名。

泰崗部落的住民原分三處，泰崗、蘇魯、泰亞侯。日治時期，蘇魯、泰亞侯歸併泰崗，雖

▲ 泰崗山景（攝影／蔣梅珍）

經多次遷徙，當前留在故地舊址生活的族人仍以泰崗後裔居多。

著名的泰崗野溪溫泉，位於泰崗溪砂頁岩互層形成的階地。由於泰崗溪谷為堅硬的變質岩層，因此從細長紋理的岩層流瀉的溫泉屬弱鹼性，無色無味的碳酸氫鈉泉，溫度約攝氏四十三度，是從貼近溪水畔峭壁的砂岩層裂隙湧出。

前往泰崗野溪溫泉，從控溪吊橋，過蒼翠挺拔的竹林，徒步陡坡前行，路途多茂密樹林，山路崎嶇濕滑，小心為要。

▲ 泰崗溪（攝影／郭秀端）

▲ 泰崗溪（攝影／郭秀端）

▲ 秀巒霞喀羅古道（攝影／蔣梅珍）

〔秋・古道〕霞喀羅國家歷史步道

日治大正年間，熟識山林環境的泰雅族，為擺脫日本統治，遠避僻壤山地，並於叢林間暗設陷阱，誘殺日人，導致爆發大正六年（一九一七）、大正九年（一九二〇）與日警在石加鹿對抗衝突的喋血事件，史稱「石加鹿事件」。

「石鹿駐在所」為日人最早設置的戰略哨所，二戰敗北，日軍警撤離臺灣，國民政府改設「石鹿派出所」。

石加鹿（Skalu）為泰雅語「烏心石」之意，因當地盛產烏心石樹而得名。「石加鹿」與「霞喀羅」發音近似，後人以「霞喀羅」相稱，山中「霞喀羅古道」是早期部落聯外的交通要道。

海拔一二〇〇~二二〇〇公尺的霞喀羅古道，於大正十年初建，由秀巒村翻山越嶺，橫跨到五峰鄉十八兒部落，全長六十公里；後來，登山風氣盛行，改由桃山村清泉部

▲ 秀巒霞喀羅古道（攝影／蔣梅珍）

▲ 秀巒霞喀羅古道（攝影／蔣梅珍）

落登山口到秀巒村，全長四九・二公里；而今，交通便利，登山人口銳減，登山口改從秀巒村到桃山村石加鹿，全長廿四公里。

二〇〇二年，政府推動「國家步道系統建置發展計畫」，選定「霞喀羅古道」為國家級第一條示範步道。昔日警備道路痕跡不復存在，林務局耗時三年勘查，闢建全臺首條示範國家步道，連結尖石和五峰。過去曾是泰雅族狩獵途徑的山路，如今成為保留歷史遺蹟與自然生態的古道。

鄰近駐在所殘存的土牆、碉堡、砲臺、紀念碑，大面積的楓香樹、緋櫻、西施花、臺灣杜鵑、八角金盤、梅花、鳳仙花等，四季繽紛綻放，各具風姿，使人沉醉。

前往霞喀羅古道，可從舊秀巒檢查哨，過新光岔路口，竹六〇道卅三・五公里處，右往養老、錦路，續行秀錦道路約七・七公里，即抵霞喀羅古道養老登山口。

北得拉曼山（攝影／郭秀端）

風物詩

秀麗前山・那羅溪流域

櫻花樹蔭下，蝴蝶清風初相逢，春雨落一滴

那羅溪流域人文地景

那羅溪，源自標高一九一四公尺的李崠山、大岡山諸水流，經錦屏道路，過道下、那羅部落，於吹上、天打那，與源自梅花村、小錦屏，又名錦屏溪的遊達克溪匯流；經嘉樂村，在尖石岩、尖石大橋一帶，與源自八五山、鳥嘴山諸水流，先向西北流經加拉排、樹林後，轉向西南流經麥樹仁、水田、嘉樂村，原稱加拉排溪的嘉樂溪會合，改稱油羅溪，轉向西北西經橫山內灣、九鑽頭，於竹東下公館，與源自雪山山脈，標高二五一二公尺的檜山西北側霞喀羅溪下游的上坪溪匯流成頭前溪，穿越新竹市、竹北市交界，再匯集新庄子的豆子埔溪、源自關西、尖石與桃園復興交界的外鳥嘴山西側的鳳山溪，於崁子腳一帶的南寮港注入臺灣海峽。

貴為新竹縣市主要河川頭前溪源頭的那羅溪，溪河流域東高西低，地勢艱險峻

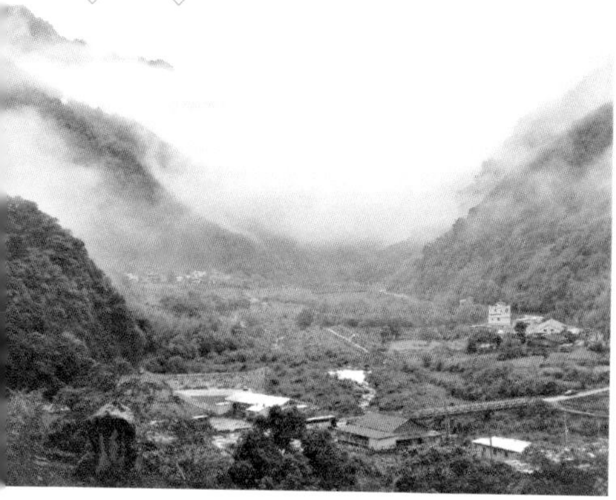

▲ 那羅部落

▲ 那羅部落山景

峭，聚落分布於錦屏溪和那羅溪下切而成的河谷階地，包括：義興村的新興（爺亨，Jihen）、北角、馬胎（Matoe）；嘉樂村的砂坪、麥樹仁（尖石鄉治，Makshujin）、嘉樂（卡拉排，Karabai）；新樂村的新樂（西拉庫，Sirakku）、煤源、八五山、水田（北得拉曼）、烏嘴、拉號（Rahao）；錦屏村的竹園（天打那，Tentana）、錦屏、比麟、那羅（Nalow）；梅花村的梅花（梅嘎蒗，Mekarang）等。

曾任國家藝術廳，兩廳院執行長的戲劇學家胡耀恆教授，對尖石自然山水景致，持以賞心之姿，對尖石、泰雅族人說道：「We have had unique and wonderful experience. We're glad we come, and hope to come again.」（我們有獨特而美好的經歷，很高興我們來，希望再來。）

專欄作家謝鵬雄說：「青山綠水，不待曉舌而美；

▲ 那羅溪

▲ 那羅部落牛欄山

泰雅那羅，不因歌頌而多。」

幾次到訪那羅的小說家蔡素芬說：「爬過險峻的高山懸崖，眼前開闊的氣象，予人心中一片舒坦。沿小徑入部落，山林翠綠環繞，令人想長嘯行吟，難怪在這片山水中的男女能歌善舞。他們用親切的笑容和熱情的歌舞與賓客相見，使我一想起那羅，便難忘那些與群山綠水共舞的笑影。」

出生那羅部落，前尖石國中主任邱新發寫道：「那羅，她是美的 過了青蛙石、文學屋、煤礦 突然豁然開朗 一條溪貫穿其中，旁有屋舍點點 其間山霧飄渺 宛如一幅畫，真的很美！ 早上 漫步河邊，做做夢 夜晚 山頂遠眺，享受遺世獨立 那羅總是有太多的靜謐」。

風來捲起，一片芳影，櫻吹錦屏村

清治時期的錦屏村劃分為：皐林社、派奎社、錦屏、那羅社；日治時期劃分：卑林社、吹上、派奎社、錦屏、那羅社、道下；國民政府劃分：比麟、吹上、竹園、錦屏、那羅、道下；其中那羅社今指錦屏村，又稱那羅部落。

住民為泰雅族的那羅社，清治結社油羅溪上游，那羅山西南，依照年代，住有七、八戶至二十戶不等的人家。文獻記載，推定那羅社結社時期約在一七八四年，人口五十人。昭和二年（一九二七），日警輔導下，從大溪各社遷入七十戶，共計三五〇人，情況與新樂村西拉克社相似。一九〇九年，合歡番襲擊宜蘭廳下九芎湖日警駐在所，與馬里科灣社番、拉號社番合作，遙相

▲ 從五部落遠眺那羅三部落

▲ 那羅部落

呼應，於同年十月歸順，後再反抗；是次爭戰，日軍警動員兩千餘人討伐。那羅社寡不敵眾，不得不與共同作戰的其他七社向日方投降。目前，那羅警政單位仍以柿山派出所為名，是境內唯一保留舊名稱的行政機關。

坐落島田山北坡，那羅溪下游的河階，群山空谷，海拔五百至八百公尺的那羅，被源自李崠山與大岡山諸水匯流的那羅溪，切割兩大區塊，西南一部落、五部落、道下，東北二部落、三部落、四部落。

錦屏村鄰近標高一七九〇公尺的油羅山，其餘諸小山，脈相綿延，銜接那羅谷地，形成自然屏障，蔚為叢山峻嶺中寬闊的桃花源地，山櫻、青楓、楓香樹、槭樹、欒樹、芙蓉、野百合、紫薰衣，遍地奇花異草，終年可為大自然教室，加諸那羅溪底承受保育的苦花魚，養殖場培育的香魚、鱒魚、鱘魚，無不成就屬於那羅部落樸實無華的勝景。

近年來，由於鄉長雲天寶開啟「把文學種在土地上」的治鄉理念，以文學創建不少人文地景，使那羅部落形成最多作家造訪的所在。

話說未染俗塵的那羅是文學桃花源，一點也不為過，自然生態美景當前，山翠撲面，風來捲起一片綠葉芳影，好比千山萬水中一幅好圖畫。那羅溪飄流水嫩嫩的日照夕陽，水岸邊落戶人家，花團錦簇，庭前蝴蝶翩翩，得人清閒，枝蔓啁啾鳥語，此起彼落，彷彿四周山林都在歌唱，那姿貌有如人間仙境，水響風聲，可撥俗世塵氛，寧謐致遠。

舊稱柿山的那羅，過去被折疊暗翳的山巒阻絕在千山萬水的叢林，曲折山徑

▲ 那羅溪畔文學屋

▲ 那羅部落櫻花景致

使她長期畏縮山谷一隅，成為自然景致以原始面貌存在的部落；晨鳥輕啼，雲嵐自在飄流，氣象明朗的夜晚，山頂流星畫出如夢幻境的耀眼光芒，使人覺得那夜空好似住著神仙。

日治時期，那羅部落已由日人種植大面積山櫻，不出十數年，繽紛櫻花遍野形成，竹塹人稱「新竹後花園」。一九五四年十一月，新竹縣政府文獻委員會製訂新竹縣八景十二勝，錦屏村因櫻花盛綻，名列十二勝之第八勝「錦屏觀櫻」，所列原由：「尖石鄉錦屏村標高五八三公尺，素以櫻花稱勝，自尖石至錦屏，沿途山澗幽壑奇岩之間，隨處可觀櫻花，其中唯錦屏櫻花最盛，每當花時，滿山恍若籠罩雲霞，別有興致。」

走過天打那蔭鬱的山林深谷，那羅部落入口處的錦屏大橋，如護城河上的岸橋，以彩虹之姿，跨越山谷兩岸，緊緊維繫天打那前行那羅的浩漫大道，這條耗資上億經費，橋身兩旁泥雕數十幀泰雅族歷史傳說的塑像，供人賞玩、閱覽。

錦屏大橋過去是一條簡陋的懸索吊橋，橋前、橋後、橋底河岸，每到冬末初春，滿山櫻花盛放，新竹縣志記載的「錦屏觀櫻」美景，即從這裡展開，真實的錦屏，真實的那羅，櫻樹飄落一地春陽編織的繽紛花彩，微風吹起，櫻瓣翦風成景，是美麗！虛幻！還是深沉的飄瀟！

〔秋・甜柿〕舊名柿山

「那羅」泰雅語稱 na-lou，喻指柿子，過去盛產甜柿，故名柿山。

又有一說。久遠時代，那羅不叫那

▲ 舊名柿山的那羅部落

▲ 那羅部落

▲ 那羅部落天主堂

▲ 那羅部落柿山派出所

羅，平地人不清楚住民集居山腰的部落叫什麼名？某天，一名迷途遊客，無意間闖進這塊人間仙境，不知地名為何？忙問路人，「這裡是什麼地方？」行路的泰雅人不懂漢語，頻頻搖頭回答：「na-lou？na-lou？」

na-lou 的泰雅語可當「什麼？」解釋，誤闖桃花源的遊客聽聞 na-lou，趕忙示意原來這個豐腴的山谷叫「na-lou」；回去後，以訛傳訛昭告世人，新竹後花園的尖石鄉有個美麗部落叫 na-lou。自此以後，原稱柿山的 na-lou，被輾轉傳述叫「那羅」。

〔夏．圖騰〕比麟陽具公園

比麟部落於清治時期建社，由梅嘎蒗社遷徙過來，日治時期遭日軍剿伐，後來南遷。如今住民大都移自後山部落。

比麟部落分上比麟、下比麟，上比麟位比麟大橋後端一公里處，下比麟位錦屏溪岸。

從尖石大橋往錦屏村方向前行，坐落產業道路右側，近比麟瀑布餐廳，以泰雅圖騰為石柱的比麟公園，占地不大，矗立七柱貌似男根的小公園，引人好奇。

取男性生殖器作為圖騰，一說因當

▲ 遊客戲稱陽具公園的比麟公園

▲ 比麟公園

▲ 比麟公園

▲ 比麟公園

地寡婦多，遊客逕稱「陽具公園」。依照鄉長雲天寶說明：七根柱子象徵尖石鄉七個村落「蒸蒸日上」，筆直掛在石柱上的是泰雅族過去打獵的「狩獵帽」，上頭雕刻泰雅族神話意象，作為精神指標，與陽具無關。

一柱擎天的石柱在比麟公園被戲稱男根、陽具，實在奇妙。

〔夏．納涼〕比麟瀑布

要到比麟瀑布之前，必先從表徵種族綿延與村落和諧的

▲ 比麟瀑布

▲ 比麟瀑布入口處

陽具公園踱步前行，馬路對面的比麟餐廳後方，傳來水瀑沖激聲，循餐廳旁山坡小徑走下，路旁新綠高樹，給人荒野之美的印象。比麟瀑布就在眼下。

循水聲尋找那羅溪畔的比麟瀑布，約有五、六層樓高，彷彿低垂簾幔，傾瀉出巨流一般的清澈白水，直落而下。河床聚集大批戲水遊客，游泳、野炊。那羅溪畔的比麟瀑布，已然成為城市人露營、烤肉所在。

▲ 比麟瀑布

▲ 比麟瀑布下戲水區

〔秋・場景〕《菩提相思經》小說地景

二〇一一年五月，文學家林央敏出版一部關於記憶、愛情、歷史、悲劇的長篇臺語小說《菩提相思經》，敘述正值青壯的男主角陳漢秋，一九五〇年代投身北部鹿窟基地左派革命行動，當鹿窟基地遭國民黨軍隊剿滅，他萬幸逃過一劫，展開逃亡之路。

書文提到：本書描寫一顆記聞第一之高尚心靈的悲壯故事，主角歷經土水火風與白色恐怖的摧殘。包含一個反獨裁、反殖民的失敗革命；一場慘絕人寰的滅村事件；一齣堅毅的流亡自囚；一段超越世俗的淒美愛情；一品深入三界的相思修情法門；一卷反映時代社會的歷史；一種落實佛教哲學的人間菩薩行。

書中描述陳漢秋為了躲避獨裁者追捕，巧逢八七水災來襲，隻身藏匿新竹尖石山境一處河岸峭壁間的洞穴。

▲ 天打那部落

▲《菩提相思經》主角藏身的山洞場景（攝影／林央敏）

▲《菩提相思經》小說場景那羅溪（攝影／林央敏）

▲《菩提相思經》場景，那羅溪天打那段（攝影／林央敏）

因為饑餓，採採河邊野果時，失足落水……，男主角藏身之處即在錦屏村比麟部落到錦屏大橋之間，天打那的那羅溪岸。

▲《菩提相思經》書影

天打那泰雅語稱 Tentana，一六〇〇年代，南投仁愛鄉發祥村馬卡納奇社（Mknazi），名叫 Buta Krahu 的人，率領三十族人遷居鎮西堡（Cinsibu），又於一八〇〇年代初期遷移天打那，一九一六、一九二四年遭遇大饑荒，十人餓死；一九二七年，日本殖民政府鼓勵下，這群泰雅人移居吹上部落。吹上與天打那隔錦屏溪、錦屏大橋對望，是進入小錦屏、那羅的門戶。

〔冬・溫泉〕小錦屏溫泉區

從天打那前往小錦屏溫泉區，在錦屏大橋右側，通往梅花村的山路，前行可達。

小錦屏山徑，布滿自然生態，山櫻、桃樹、蕨草，行到無窮，茅屋竹舍，蟬鳴吱嘶，偶向雲天水深處。溫泉區分布錦梅溪谷、清淨的遊達克溪旁，是雪山山脈的變質岩溫泉，水質清澈，溫度約 36.8150℃，酸鹼值約 pH7.517.8，含碳酸氫根離子約 193ppm，含鈉離子約 172ppm，屬中性碳酸氫鈉泉。溫泉區，花草雲霧顯露無比安詳、寧謐的森林氣息。

位於錦屏村僻靜處的小錦屏，在鄉公所協助下，成功挖掘大量地底溫泉，亞山溫泉、小錦屏美人湯、朝日溫泉等，蔚成錦屏村溫泉祕境，更為地方旅遊業創造地景，加上哈娜民宿、朝日溫泉住宿區設立，讓

▲ 小錦屏溫泉區

▲ 小錦屏溫泉區

▲ 小錦屏溫泉區

▲ 小錦屏溫泉區

▲ 小錦屏溫泉區

原本僻遠的山澗小村落，發展泡湯熱潮，帶進不少尋幽訪勝的遊客。

〔冬・溫泉〕朝日溫泉

二〇〇四年八月完工經營的朝日溫泉，是尖石鄉第一座具規模的溫泉休閒中心，因坐落群山環抱的遊達克溪畔，愈發彰顯自然景觀開闊之美，充滿鄉野風情。

被山林綠野隱藏一隅的朝日溫泉，沿途遍布紛紅山櫻，飄瀟之美，引人神往，就算夏季，沿途風吹清暢，搖窗納涼，但見舒適幽境。

朝日溫泉獨特的地理環境，賞心悅目的景觀，以及內部裝潢泰雅色彩，使人在山色美景中，沐浴天然溫泉暖烘烘的愜

▲ 朝日溫泉

▲ 朝日溫泉

意。

猶在幽靜的山林溪邊享受溫泉浴，但見竹籬笆區，隔出一間一間溫泉浴池，四周環繞密密叢叢花草，裸身泡湯，聆聽水流，或躺或坐，諦聽山澗風來悠然，這等投身大自然的存在主義，俗塵與我無涉，恰如山水相期，吹奏一曲淡然樂章。

赤體溫泉，好比裸露大自然無比原始的況味，在朝日溫泉聽風、

▲ 朝日溫泉

聽水、聽美妙的山林對話，彷彿傳述一則竟日忘歸的童話，敘說部落綿綿柔情的山水呢喃。朝日溫泉的溫泉水引自部落地底天然的優質碳酸溫泉，對美白皮膚、消除疲累、舒緩筋骨，兼具療效。溫泉分五大區，裸湯區、個人池、休閒區、住宿區、餐飲區，每一區視野都充滿濃郁的綠意風光，雅興得趣。

〔春・狩獵〕錦屏大橋

原為鋼索木板懸掛式吊橋的錦屏大橋，始建於一九九八年，長約百公尺的拱狀造形，鋼骨漆紅，橋身兩側表面鏤刻泰雅族歷史、傳說，為尖石鄉重要資產。這座色彩鮮明的橋梁，橫跨百丈深淵的遊達

▲ 朝日溫泉

▲ 錦屏大橋

▲ 錦屏大橋

▲ 遊達克溪（錦屏溪）

克溪，銜接天打那通往前山錦屏村、後山秀巒村，唯一的交通，實用加藝術設計，充分表露泰雅族的文化風貌。

壯麗的錦屏大橋，被賦予彩虹橋象徵，彩虹是泰雅先祖來往天界的要道，因此，橋身兩側泥塑多幀關於泰雅族射日、靈鳥、祭祀、耕稼等先民生活意象，工藝技巧神奇，形象鮮活，加上矗立橋身上方，泰雅族出草、狩獵、天使、家族等雕塑，栩栩如生的圖騰，巧奪天工的技藝，讓遊客止不住好奇，駐足欣賞。

〔夏・戲水〕天然谷瀑布溫泉

就在錦屏大橋懸崖山路折彎處，天然谷瀑布溫泉豁然開展眼前。

這座原只經營餐飲的飯館，二〇〇〇年就地挖掘溫泉，怪石為景，流水不斷，芳園片畝的花香草坪，在陽光戲弄下顯現明燦亮眼，使這一座瀑布溫泉頓時遠近馳名。

身臨花香間戲水、沐浴溫泉，好似置身幽境，孩童在戲水區嬉遊，縱身冷泉、溫泉，享受與水同歡的翦翦流風，不繫白雲漫留，開放胸懷的在水世界徜徉一派輕鬆自如，果然是泡湯雅境。

天然谷瀑布溫泉建有兩座氣勢磅礴的瀑布景觀，高三十公尺，另築有個人池、戲水池，以及沿那羅溪而行的休閒步道，銜接瀑布區、迴音谷、美女樹等地景。泡湯、賞

▲ 天然谷溫泉

▲ 天然谷溫泉

▲ 天然谷溫泉

▲ 1970 年代青蛙石園區

▲ 1975 年青蛙石園區

景之餘，再大啖鱒魚餐，是旅遊天然谷瀑布溫泉一大樂趣。

〔夏・蛙〕青蛙石風景區

行經天打那，車過錦屏大橋，從天然谷溫泉餐廳右側，沿那羅溪上行，水村山郭旁，可見竹六〇的產業道路左側，大片崖壁以卷軸之姿，不斷延伸開展潑墨山水似的真實景象，迎面撞擊。

陽光耀眼的日子，眼前山崖，壯闊如天，金光普照，使山巔湧起氣壯山河的寬闊勝景，宛如一艘沉落山谷的灰鏽大船，穩穩矗立那羅溪千年、萬年，氣勢壯觀、震撼人心。逢到雨天，豪雨灑落崖壁，好比帷幔飄拂，形成一幅仿如自然簾幔的飄瀟景致，迷濛而壯闊。

倚在產業道路旁的石墩，仰望大片崖壁在金色陽光輝映下的精緻投影，猶如大師名畫，手筆揮毫，飛濺出灑脫氣魄、剛柔並蓄的風情，又如上蒼以巨斧自上而下，將岩塊壁切成一眼望不盡的巨幅山水畫，氣燄如虹的顯現無比雄偉的視覺美。

就在崖壁下方，青蛙石風景區那顆盤踞那羅溪數百年，甚或數千年的巨岩，狀似青蛙，從側面觀看，更能清晰感受青蛙樣貌的青蛙石，氣勢恢宏的迎面相逢。

久遠以來，青蛙石風景區便是那羅住民郊遊、野炊所在。怪石為景，清水如濂，水姿天影，隱隱泛著靈巧視野。微風吹起，蟲鳴鳥語、蟀唧蜂鳴、鳥咕鷹嘯，撩撥心動；陽光下，放開燦明亮眼，崖壁巨巖如畫軸開展、巖壁巨龜形象醒目跳

▲ 青蛙石園區氣勢非凡的崖壁

▲「青蛙石詩路」分三區 20 塊詩碑設置，入園區、園區內、候車區。

脫，走近盎然綠林，好似置身幽谷。

來到青蛙石風景區，兩耳盡是那羅溪川流過張嘴青蛙石傳來的急水聲，這塊外貌神似青蛙的巨岩，日夜無休止地吞噬那羅溪驚湍激流；原本平靜的溪水，流到青蛙石，瞬間轉折成水柱急流，豪邁場景，形成奇特景觀，實為難得的奇岩景象。

晴天、雨後，漫步水邊林徑，活像一隻輕盈的靈鳥，看群峰蒼翠，晴空雲海，白濛濛的空氣中嗅出幾許使人為之目眩的芳香滋味。

林中野鳥一部清鼓吹，青蛙巨岩一串水響聲，果然人間好風雅，這就休怪來訪青蛙石園區的文人以詩文歡喜吟詠：

詩人莫渝寫出〈青蛙眺遠〉：「險峻峭巖間　那羅溪水澄澈淵遠　多少個經年累月　洗滌並滋養的一只石靈終於成形　龐然青蛙石穩陣中流　擔當部落」。

詩人曾耀德寫下〈石蛙的故鄉〉：「孩子們啊！那羅溪　是我涓涓不斷的思念　如藍色寶石般的閃耀鑲在你們心底　我已化身爲那隻石蛙　聆聽泰雅的歌舞，天上的神曲　多麼希望能與你們一起歡樂　跳跳　跳」。

詩人吳錡亮用臺語敘說〈那羅彼隻田蛤仔〉：「經過Atayal族人口說　跟綴祖靈的紋路　頭前彼道，虹(kh ng)　上接近天的隔界　行入空中步路這條那羅溪水猶原誠透流　孤單田蛤仔猶原　佇邊仔　不時喝出，嘓嘓」。

作家林錫嘉以〈那羅文學風景〉描繪：「群山懷抱一溪橫　青蛙石上彩虹飛　眾多詩人依著溪畔　手植三星果藤　最是穀雨及時來滋潤　明年此時黃花開遍　那羅滿山花　那羅詩滿山」。

詩人劉正偉以〈青蛙石〉致意：「上帝開工，劈

▲ 1985 年青蛙石園區

▲ 科在岩壁的「青蛙石詩路」詩碑

開那羅溪谷　青蛙就在此，蹲踞石化　時間，億萬年不斷地衝擊　那潺潺溪澗，猶如蛙鳴　日夜不停地喧囂　流向江河大海，奔向世界　每當求偶季節到來　全世界都歡呼，高歌」。

詩人的詩作更於二〇一八年冬被雕琢成二十塊《青蛙石詩碑》，分三區設置園區，供遊客閱覽，取名「青蛙石詩路」。

〔春．奇緣〕青蛙石傳說

青蛙石風景區位處那羅一部落溪谷，貌似青蛙蹲踞溪流的巨石，巍然聳立，十分壯觀，驅車路過、散步經過，可見產業道路旁刻有「青蛙石園區」地標，走近巨石旁，從旁觀看，儼然巨蛙，狀甚奇特。

▲ 青蛙石園區

▲ 青蛙石園區崖壁上的石龜

▲ 青蛙石園區戲水

這塊巨大的青蛙石面向部落，凸出一口大嘴朝前巴望，傳說，緣於這隻大青蛙當年為覓食一隻大蚊蠅，一路從平地追趕到那羅，偏巧蚊蠅飛越一部落嶺頭，大蛙被陡峭山壁阻絕去路，無法跨越，只好蹲在溪中枯等，鎮日以那羅溪水止飢維生。幾經光陰流轉，橫越多年時日，始終未見蚊蠅出現，貪婪的青蛙無語蒼天，最終被無情歲月風化成巨岩。

相對坐落青蛙石前方，延伸不斷的崖壁，現出一隻爬行石烏龜，好似隨機等候久蹲不起的大青蛙，有朝一日，勇往直前；相映趣味的景象，留予崖壁，鮮明耀眼得像幅遠近皆美的自然壁畫。

青蛙石園區，風化的蛙與龜，是沉靜守候的美麗傳述。

詩人林央敏以〈石青蛙的美思〉詠讚青蛙石傳說：

「風把一朵雲彩雕塑成蜻蜓　貼在那羅狹腰的一牆錦

▲ 青蛙石園區

屏　映入青蛙眼睛變做大蚊蠅　牠想只要吞下便修煉成精　無奈山壁高聳又水聲急行　讓牠望穿千年仍不得要領　徒留石化的身軀殘存一點心情　招引遊客踏著彩虹來按讚投影」。

書法家林家成寫出：〈問青蛙為何在那羅〉：「我幻化成石頭　自洪荒　鎮此山川靈氣　為斯土斯民留此淨域　吐納間雲靄風和時而浩月長空　時而山嵐靉靆　與天地和其光同其塵」。

詩人謝美智的〈青蛙石〉如是寫道：「扒去綠衣，落籍溪澗　一蹬腿就跨過千百年瀑布還我一身清白　周遭的蟲鳴仍忙於辯論是非　跌墜的落花我只能目送到巷口　飽嘗孤獨與宿命爲敵的蚊子周旋　誰都萬萬不知我竟如此擅長等待」。

詩人艾琳娜寫成〈那羅的天空很馬告〉：「那圖騰引領趨向原鄉　羅織眾人前進部落　的一彎清流，欲成飛瀑　天地於群山峻嶺昂首　空山無凡囂織出祖宗奇緣　很是吸睛群芳騷客，未使　馬上英雄也酒醉　告別，植一株三星果藤留詩路」。

詩人思方以〈那羅溪〉寫下：「善於織布的女人，織就陡峭岩壁　傍依柿山，上演賽德克巴萊　石蛙蹲踞傳統領域，昂首　長髮飄墜成飛瀑　放流一谷山水，驅離喧囂吊橋彈唱傳說與神話」。

詩人吳美成以〈苦戀〉寫道：「年復一年，峻峭尖石山上　一棵俊秀的苦楝樹，癡癡　守候，瀑布下俊美的青蛙石　何時對她，回眸一笑　青蛙石鍾情的，原來只是　山澗下偶而飛來的一隻　蚊子」。

相關那羅部落「青蛙石」名稱釋義，文化館長頂定巴顏說，泰雅族的命名智慧是根據相依社群的生活，如遷徙、行動、事件或大自然生活給予的壓力、困境，才會給予稱呼，不會像漢人以「眼見為憑」作為命名指標；「青蛙石」稱名，便是由漢人以巨岩形貌好似青蛙而依「眼見為憑」命名。

那羅部落的住民對「青蛙石」的稱呼最早叫 kkyuk，意指深潭或深谷，說明青蛙石頭部溪流進水處到岩洞中段約五十公尺深，如若掉落，下得去上不來，是謂深谷；或叫

▲ 青蛙石彩虹橋天空步道

gqlaq qahuy，意指會受傷，說明遭到尖銳的石頭或裂縫切割而受傷。意思是說，青蛙石雖則看來雄偉、壯觀，卻存在肉眼難見的危險性。

〔春・彩虹〕青蛙石天空步道彩虹橋

沿青蛙石園區產業道路而下，尖石鄉公所耗時兩年，縝密規畫、建造兩條園區的木棧步道，一條是生態步道，以森林浴為主軸，沿途既可欣賞那羅部落多樣生態，還能感受健行樂趣。另一條木棧步道盡頭，連接由強化玻璃打造的圓弧型彩虹橋步道，右側可賞青蛙石溪流急湍而下，百公尺長的飛瀑。雨水過後，整個青蛙石園區，可見落瀑間高掛天際的彩虹。左側好似潑墨山水畫的崖壁下，是電影《賽德克・巴萊》幾場重要激烈械鬥戲的拍攝場地，場景氣勢浩大，無以復加。

二〇一一年拍攝完成公映，由魏德聖監製、導演，片長

▲ 青蛙石園區木棧步道

▲ 人潮洶湧的青蛙石園區木棧步道

四．五小時的電影《賽德克．巴萊》，改編自邱若龍漫畫《霧社事件》。賽德克語「Seediq Bale」意為「真正的人」。

參與電影演出的兩位女主角，著名歌手溫嵐、羅美玲都是尖石鄉人；飾演莫那．魯道女兒馬紅．莫那的溫嵐，出生秀巒村新光部落；飾演花岡一郎之妻川野花子的羅美玲，出生新樂村水田部落；另則，

▲ 青蛙石園區彩虹橋天空步道

▲ 詩人劉正偉等人在青蛙石園區栽花

▲ 從天空步道看青蛙石瀑布

尚有兩百多名尖石鄉民擔任臨時演員，賣力演出，就連天然谷餐廳也出借場地供作搭景。

站在「天空步道彩虹橋」看青蛙石瀑布、壯闊崖壁，逢迎陽光照射之際，悄然可見清麗、夢幻的彩虹，高掛天際，橫跨電影《賽德克・巴萊》拍片現場的崖壁石礫，使人恍若身臨賽德克族與日軍奮戰的時空劇場。

這是賽德克族戰紀史詩的戲劇場景，更是文學電影的丰采地景。

詩人王興寶寫下〈那羅日光〉：「種在彩虹橋的凝望　走下天空步道，餵養我　爲我披上一襲光芒　那些紋面的覺悟　趺坐成青蛙石　用胸腺擁抱世界，蛙鳴　猛抓住我的影子在地上伸展　在某一個天堂」。

詩人陳雨函以〈默言〉詩說：「獵人影跡漸漸遠

逝　山痕斧鑿一道道視線　苦楝依舊苔深　桐花，伴隨歲月漂流　石成沉默，千年之前之後　古戰場英靈血已凝土風，訴說被放逐的故事　石青蛙佇立，無言人前人後」。

詩人林秀蓉寫出〈尖石踏查〉：「山櫻朵朵，抖盡春寒　浮上岸的雲，捎來細語　倚橋的虹彩悄悄張開翅翼　蝌蚪般夢想，俯拾那羅溪彎彎　等不及風聲撲來滿山的淺綠　蟄伏的蛙鳴早已裝入獵袋　步道盡處你以半座森林的寂靜相邀　風谷百合，預約我未來的斑斕」。

詩人寧靜海吟哦〈旅蛙〉：「風走到這裡就累了　旅行的青蛙也累了　有一道彩虹等著　有一掛瀑布等著　聽見

▲ 詩人林央敏、劉正偉、黃淑美、艾琳娜、陳毅、黃樹風等人在青蛙石園區木棧步道

▲ 詩人劉正偉等人在青蛙石區栽花

▲ 詩人落蒂、林錫嘉、劉正偉等人在青蛙石園區

山的胸膛在呼吸　那羅溪谷鬆開雲霧　從潺潺的水聲中　舉起一座半透明的橋，涼涼」。

詩人莊源鎮以〈那羅灣〉寫道：「雲霧裡的日子，飄渺　青蛙石守望絢麗彩虹　沾點山澗悠然的流水　聞點花開葉落的香氣　品嘗土地發散的純淨語言　隨著筆順，一橫一豎一勾一撇　就層層疊疊的，發現風景」。

詩人嫿星以客語詩寫道〈在天堂吟詩个蜗

▲ 左起詩人陳美蓁、黃麗玲、黃淑美、林央敏、莫羽蝶、魯爾德在青蛙石園區木棧步道

▲ 左起詩人莫羽蝶、羅貴月、林秀蓉、徐玉香在青蛙石園區與織布老婦合影

（guai／）仔〉：「種在天弓橋　想望　行下天空步道，蓄養兒　摎兒披上一道白光　該兜刺面　覺醒　坐化成蜗（guai／）仔石　用突變摘等世界，蜗（guai／）嗷　捉等新詞　影仔在地泥搞尞　寫出另一個天堂」。

注：一．guai＼仔：音guai＼e＼，青蛙。二．天弓：音tien／giung／，彩虹。三．搞尞：音gau＼liau，遊玩。

〔夏．風雨〕那羅文學地景紀行初航

二〇〇〇年九月九日，受到呂宋島西部海面生成的悟空颱風外圍環流影響，臺灣上空飄雨！當天，由新竹縣文化局主辦的「大河戀」系列活動，選擇頭前溪上游那羅溪畔的那羅部落作為新竹縣文學地景之旅的初航。時任文化局長蔡榮

▲ 時任新竹縣文化局長蔡榮光（中）、時任縣議員雲天寶（右），開啟那羅文學地景旅行的先鋒

光領隊，以及負責接應、招待，時任縣議員的雲天寶，帶領包括作家楊小雲、蔡素芬、郜瑩、吳興文、楊樹清、潘弘輝、汪成華、陳文發、陳銘磻、陳淑卿、李振華等一行人在那羅進行兩天一夜的大河探訪紀行。

雖未撐著一把油紙傘，唱起詩魔洛夫的三月李子酸，果真隨雨聲入山而不見雨，悟空環流雨沿著尖石山路一直滾到腳後跟；伸手抓起，那羅部落

▲ 那羅部落文學之旅作家團之陳銘磻、汪成華、蔡素芬、楊樹清

▲ 作家楊小雲代表致贈禮物

▲ 時任新竹縣文化局長蔡榮光

▲ 雲天寶議員介紹那羅部落的歷史與風光

隨處聽得見詩人的「一把鳥聲」，沒有抱頭男子看菸蒂彈成灰，「大河戀」的文學地景之旅，從此開啟尖石鄉以文學地景作為觀光旅遊的領航先鋒，如洛夫詩中所言：「眾山之中，我是唯一的一隻芒鞋。」尤以雲天寶續任鄉長之後，以發展部落文學地景為名，獨領文學旅遊風騷二十年。

九月九日的文學地景盛宴，讓作家從現任新

▲ 那羅部落文學之旅作家團

▲ 2002 年 12 月建造落成的「那羅花徑文學步道」

竹縣政府祕書長蔡榮光，以及現任尖石鄉長雲天寶的口中，聽到許多那羅部落的故事、泰雅族的傳說，還品嘗雲天寶致贈一人一盒，甜甜水蜜桃的豐盈滋味。

如果不是隨雨聲入那羅而不見雨的「大河戀」的文學之旅，就不會有後來名震遠近的那羅部落文學地景！是不是，是不是？

〔冬・步道〕那羅花徑文學步道

名列臺灣第一條部落文學步道的「那羅花徑文學步道」，原矗立那羅五部落，依傍那羅溪而行，又稱水岸文學步道。

二〇〇二年十二月十四日落成，由前新竹縣長鄭永金、尖石鄉長雲天寶揭碑。來自全臺上千餘民眾，將那羅溪畔的揭碑儀式會場，擠到人聲洶湧；泰雅族的高文良和魯凱族的杜運輝兩位國小教師，以天籟美聲傳唱泰

▲ 前縣長鄭永金開園碑

▲ 鄉長雲天寶文學碑

▲ 陳銘磻文學碑

▲ 古蒙仁文學碑

▲ 文學步道揭碑當天，上千來賓與村民同歡共樂，載歌載舞

▲ 吳念真文學碑

▲ 林文義文學碑

▲ 劉克襄文學碑

▲ 蔡素芬文學碑

雅歌謠，盛典莊重又熱鬧。

與文學共此千古年的傳述那羅部落和尖石鄉好山、好水、好人情，流水有方能出世，那羅花徑文學步道因臨近那羅溪畔，加深成為文學的風雅景致。

文學步道總計矗立八塊文學碑，除前縣長鄭永金、鄉長雲天寶的開園碑，作家部分有陳銘磻、古蒙仁、吳念真、林文義、劉克襄、

▲ 吳念真在那羅花徑文學步道

蔡素芬六位，所載碑文，全是頌讚尖石美景的文學作品。

喜愛文學的雲天寶鄉長引言碑寫道：「一石十階，百履千蹤，踏出泰雅人萬年足跡；重巒疊翠，花影撥弄，今古來人尋幽自聞花香。」

揭碑後，參訪花徑文學步道者眾。已故中華民國筆會會長朱炎教授，曾於二〇〇三年秋，帶領會員到訪那

▲ 作家蔡素芬、丘秀芷、劉克襄、管管、吳念真、古蒙仁、陳銘磻在那羅花徑文學步道

▲ 作家朱炎、季季、陳若曦、羅門、蓉子、林煥彰、謝鵬雄、小民、保真、胡耀恆、李宜涯、丘秀芷、田新彬等人在那羅花徑文學步道

羅，除讚賞文學步道象徵臺灣部落文學承先啟後的意義，當場捐贈二萬五千元，交由那羅灣休閒園區理事長劉仁青，作為美化文學步道的維護基金。

臺灣第一條部落文學步道，為那羅山水增添幾許人文色彩，更為寧謐的部落平添不少文學氣息。

二〇〇四年八月，「那羅花徑文學步道」遭艾利颱風滾滾洪流

▲ 前縣長鄭永金與鄉長雲天寶為文學步道揭碑

▲ 2005 年 1 月 15 日落成，企業家劉明創、周俊吉等人捐助建造的那羅文學屋

沖走，連同鄰近民宅、餐館無一倖免，狀甚慘烈。二〇一二年十二月，二度當選鄉長的雲天寶擇地重建，將「那羅花徑文學步道」及其文學碑，併入「那羅溪文學林」，重啟部落文學風華。

新建文學碑包括：開園碑鄉長雲天寶，文學碑：邵僩、愛亞、陳銘磻、古蒙仁、吳念真、林文義、劉克襄、蔡素芬、馬紹．阿紀、里慕伊．阿紀、以納華華．羅仁德、邱新發等十二位。

〔春．文學〕那羅文學屋

位於青蛙石民宿左側空地，山麓岩壁下，築有一間象徵部落文學萌芽，二〇〇五年一月十五日落成的那羅文學屋，開啟臺灣原住民文學與部落自然文學展示的先導，由生性喜愛山林，曾獲青年創業楷模獎的企業家劉明創、信義房屋創辦人周俊吉、導演吳念真等人贊助建

▲ 設計師孫進才設計的那羅文學屋

▲ 那羅文學屋的大書《那羅風華》

造，耗資四〇〇餘萬元。

以玻璃帷幕為主體，設計師孫進才監工的那羅文學屋，置有高二二〇公分，全臺最大書冊《那羅風華》，展示泰雅文學作品；屋外植有無數奇花異卉，儼然屋起百花紛叢間。文學園區入口處的那羅溪，流水清冽，輝映坡地平臺那羅文學屋耀眼生動。

文學屋設置有以文

▲ 作家愛亞在文學屋授課

▲ 尖石國中主任吳新生在文學屋授課

▲ 林文義、陳若曦、曾郁雯、顏艾琳在那羅文學屋陳若曦手植的櫻花樹下合影

學家之名為名的地景，愛亞小徑、文義亭、秀芷花廊、陳若曦手植櫻樹、石番洞。文學屋建造的目的在於讓泰雅族傳承文化技藝，並供舉辦藝文活動。開園後十年，遊客如織，紛紛撰文介紹，作家邵僴、愛亞、林文義、陳銘磻、吳新生都曾在文學屋講課，臺北明倫高中文學營，臺北柯林頓國中小補習班兩度兩天一夜寫作營，都移師文學屋，

▲ 小說家廖輝英（前左一）、履彊（前右四）、高有智（前右二）參訪

▲ 小說家邵僴在文學屋授課

▲ 初建完成的那羅溪文學林

為部落增添文學氣韻。

〔春・櫻〕那羅溪文學林

文學家經常前往看山賞霧的尖石鄉，年年遭受風災摧殘，續任三屆鄉長的雲天寶，學習日本建築大師安藤忠雄的精神，以植樹方式回歸「原生大自然」，且以文學聖名種植人文，在那羅溪畔建造臺灣第

▲ 文學林餐飲區

▲ 文學林那羅詩路

▲ 鄉長雲天寶、作家陳若曦、愛亞、林少雯、李美華等人，為文學林開園，敲響靈鳥鐘。

▲ 左起：作家曾郁雯、林文義、莊華堂、李綉雲等人在文學林

▲ 小說家莊華堂、散文家林錫嘉、林秀蓉、萬恩霞等人在文學林

▲ 花藝家鍾仁靖、呂學源、王喜在文學林

▲ 作家張捷明、林秀蓉、徐玉香等人在文學林

一座以「文學」之名立景的「那羅溪文學林」，並期恢復那羅部落曾列名新竹縣八景十二勝之一「錦屏觀櫻」的盛名。

二〇一二年十二月廿三日，由第三度當選鄉長的雲天寶率領鄉公所人員，集體創作規畫，在那羅溪畔開拓一畝寬闊的新生地，落成「那羅溪文學林」，當日邀請曾到訪尖石鄉的百位作家，以及奉獻那羅的企業家，在文學林種植櫻樹，暱稱「那羅櫻花文學林」。

包括：邵僩、愛亞、洪小喬、陳銘磻、林文義、蔡素芬、陳若曦、吳鳴、羅門、蓉子、張耀仁、陳謙、顏艾琳、張耀仁，張典婉、林錫嘉、劉智濬、曾郁雯、張光斗、六月、馬紹·阿紀、里慕伊·阿紀、賈俊國、蘇士尹、黃俊能、陳麗卿、張程鈞、呂學源、劉正偉、

▲ 文學林靈鳥幸福鐘、文學碑

▲ 民歌始祖洪小喬（右）在文學林

▲ 百位作家在文學林合力種植百棵櫻花樹

▲ 詩人、小說家、藏書家呂學源等人在文學林

▲ 綠草如茵的文學林步道

▲ 文學林 88 紀念碑

莊華堂、陳文發、劉明創、潘國正等人，以及時任新竹縣文化局長蔡榮光、地方教育界、文化界人士……，一起為年年飽受天災地變侵襲的尖石鄉，以文學之名植入象徵幽雅人文的櫻花樹，把大自然還諸天地，且於文學林闢建一座表演場，以及「靈鳥幸福鐘」讓遊客敲響幸福之聲。

出生嘉樂村，曾任原民電視台長的 Masao

▲ 作家、詩人群聚那羅部落餐廳

Aki（馬紹・阿紀）寫道：「回到尖石跟離開尖石，其實是相同的事。因爲生在尖石，所以離開的目的，也是爲了想回到尖石。」

出生嘉樂村的作家里慕伊・阿紀在文學碑寫道：「我愛山，一如娘胎裡初成形的孩兒，尚未出世，即已深深愛上懷養他以溫潤骨血的母親。」

果然，此後所見坐落山谷溪畔的「那羅溪文學林」，春季百棵櫻樹悄然綻開叢叢紅花，夏季綠茵綿延，一派萬千氣象；使人迷醉、暢懷的空谷草原，讓文學氣息豁然豐盈起來。

▲ 鄉長雲天寶、書法家林家成、藏書家呂學源等人在文學林

▲ 作家、詩人在那羅部落合影

▲ 節目主持人頂定巴顏為尖石鄉原住民文化館長

▲ 文學林「88 藝術景觀座」揭幕，捐贈人企業家劉明創致詞廳

榮獲第十八屆臺灣客家文化獎，暱稱「客家安徒生」的作家張捷明，以客語和泰雅語相互吟味，用一首〈石心〉寫出從青蛙石漫步到文學林，對土地的讚揚：「guai／e＜ 一躍　時間就凝凍成石　溫柔　石心　打開黑暗　部落　將老獵人最後一把番刀　種到文學林櫻花樹下　老師・斯卡也答。」

〔春・志工〕八八文學紀念碑

二〇一三年二月廿四日，那羅櫻花文學林新添一座由「劉曜瑋青年國際志工基金會」捐贈，設計家孫進才設計「生生不息，相互扶持」的藝術景觀座「８８」。由立法院長蘇嘉全、企業家劉明創、尖石鄉長雲天寶、文學家林文義等人揭碑。

這場活動以非寫作的文學精神，用音樂、歌聲為二〇一二年暑假在印度擔任國際志工，於八月八日當天遭車禍身故，一對失去心愛兒子劉曜瑋的父母劉明創、張燕雪，洗滌憂傷，並以栽植二十二棵櫻花樹，種下愛與思念。

活動由頭戴「低垂的寬邊帽」的金曲小姐，民歌始祖洪小喬演唱由洪小喬、陳銘磻、劉明創、張燕雪、劉季紜聯合作詞，洪小喬作曲的〈是不是我太寵愛了你〉揭開序幕，並由泰雅族歌者高文良校長帶領的「新光幫」，用天籟歌聲縈迴坐落山谷的那羅文學林。

前往參與「用音樂把奉

▲ 劉明創（左二）與節目製作人張光斗（右二）在 88 藝術景觀座

▲ 洪小喬與「新光幫」合唱團演唱民歌

▲ 洪小喬頭戴低垂寬邊帽現場演唱〈是不是我太寵愛了你〉揭開序幕

▲ 88 藝術景觀座

▲ 劉明創與企業家在 88 藝術景觀座

獻種在土地上」盛會的朋友，包括洪小喬、林文義、曾郁雯、張光斗、陳淑渟、黃秀慧、劉滿玉、黃冠升、賈俊國、翁玥寅、呂學源、李美華、張健銘、劉智濬、章綺霞、劉懷清、李玟臻、黃俊能、劉欣宜、張啟疆、邱怡瑄、何昌運等藝文界、大學生蒞臨。超過四百位各界人士齊聚那羅溪文學林，從大自然感受相互扶持的心靈之美，不少朋友被洪小喬哀傷的曲調感動到淚眼迷濛。

〔春・文學〕文學在尖石

二〇一四年四月廿七日在「那羅溪文學林」舉辦的「把文學種在土地上——文學在尖石」活動，主要為愛亞新著《安靜的煙火》、林文義新著《歲時紀》、陳銘磻新著《安太郎の爺爺》舉行新書發表會。尖石鄉長雲天寶主持，作家管管、曾郁雯、劉正偉、李進文、莊華堂、李勤岸、渡也、陳文發、林芝、何南輝、陳謙、蔡仁堅、

▲「文學在尖石」活動

▲ 作家愛亞談寫作

▲ 作家林文義說文學

▲ 詩人管管陪讀友暢遊文學林

▲ 陳銘磻與學生賈俊國、蘇士尹、劉滿玉、黃榮華、黃成佑、邱俊凱、陳彥如等人在文學林

劉明創、賈俊國、吳國鏞、蘇士尹、林家成、楊曼芬、黃騰寬等人，以及記者李青霖、林麒瑋齊聚那羅，共同營造「那羅溪文學林」成為具魅力的文學地景。

詩人思方以〈把文學種在土地上〉讚嘆長在土地的詩：「是夜，那羅在髮間別上木星　在煤源處蘊育能量　晨霧，熟練地爲山谷輕施脂粉　陽光優雅地喚醒沉睡山櫻　散漫一樹嫣紅　迎接文人雅士　執筆將文學種在土地上　因著土地，因著愛　那羅開出一條浪漫詩路」。

詩人黃碧清以客語〈guai╱仔　石頂　詩〉吟詠文學在尖石：「幾多　春秋，朝晨撈黃昏　櫻花雨落過又晴開，濛沙湮一痕痕歲月，在青春紋面　一行行文字，種

落蜗guai/仔石頂　光影箭過那羅溪水沖　承
起一條橋，靚靚像天弓　鮮鮮河水詠吟歌詩透
年　詩路，在尖石」。

〔冬・落英〕那羅詩路

二〇一五年一月卅一日。尖石鄉公所在「那羅溪文學林」舉辦「那羅詩路」活動，為十五位詩人參與〈那羅詩路〉詩作而設立的漂流木碑揭碑，期使「那羅溪文學林」有櫻花、日照、微風、溪水，還有引人沉醉的翩翩詩意，真正成為名符其實的文學林。

當天，還為臺灣第一本以泰雅語翻譯華文的《部落・斯卡也答》舉辦出版發表會。本書原著陳銘磻，由曾獲第三屆臺灣原住民族文學獎小說類第二名，就讀高雄師範大學英語系，

▲ 為那羅詩路寫詩的作家，左起劉正偉、葉莎、李勤岸、雲天寶、林文義、陳銘磻、林世偉、賴思方、張捷明

▲ 作家林文義朗誦詩作

▲ 文學林那羅詩路

老家在新竹五峰鄉清泉部落，母親是那羅人的Uyang-Yumin葉賢能老師翻譯，尖石畫家林世偉封面作畫，尖石鄉公所補助出版，布克文化出版公司製作、發行。

尖石鄉長雲天寶除了立意以本書作為尖石鄉母語教學用書，還以泰雅名洛信·阿善為「那羅詩路」寫下開路詩：「福佬語　客家語　漢語　還有　如滾珠玉的泰雅語　把詩的魅惑植入漂流木　串起文學林　幽玄的翩翩那羅詩路」。

十五塊詩碑，包括：管管的〈落英〉：「呵！那是那羅的山櫻，落英繽紛　那些英是搶著落在石苔寫泰雅的詩　寫祖靈的叮嚀，寫泰雅的舞　寫泰雅的歌聲呢！如果是我　我要在臉上黥面刺青　寫上驕傲美麗的花紋！」

白靈的〈大霸尖〉：「大霸尖啊，當我躺下　請你命令，群山環繞我的頭顱　舔噬由其中長出的每一片葉

▲ 作家林文義、林世偉、莊華堂、劉正偉、陳銘磻、李勤岸、葉莎等人在那羅詩路

子」。

劉正偉的〈浪漫尖石〉：「那羅秀巒部落尖石　溫泉山林小溪　上帝造的景，人間的美色　那年，我們將文學種在土地上　每當春天來臨時，櫻花　和春色，就開滿浪漫的溪谷」。

李勤岸的〈山巒〉：「共詩種佇秀巒　浸佇山霧中群山牽手洗溫泉　共詩種佇那羅　吊橋做媒人　尖石山戀愛不斷」。

曾郁雯的〈雲山水〉：「如果雲累了　就飛到山邊依偎一下　如果山累了呢　櫻花滿天飛舞　雲載著花香隨後就到　溪水潺潺濯足　山」。

張耀仁的〈遲來的風景〉：「最遲　遲不過滿山濕綠的眼瞳　青蛙石的慧黠　最遲　遲於山櫻浮翩的舞步肩靠著肩，猶豫著猶豫　對彼此說　我們，還欠那羅一個吻」。

▲ 左起彭正雄、林錫嘉、莊華堂、劉正偉、林秀蓉在劉正偉詩碑合影

葉莎的〈那羅之吻〉：「海拔千尺，拔出遍野春姿　那羅，一朵一朵璀璨的櫻紅　是唇的印記　詩的原鄉」。

張捷明的〈這毋係邊界〉：「這毋係邊界那羅溪牽聲過河壩　譜一條山歌彎彎斡斡，鑲等　櫻花桐花尖石泰雅客家　上家下屋共食一坑水　上上下下叮叮噹噹」。

林世偉的〈尖石岩〉：「Yan na rangi krriax Pklahang sa nahuy krriax Maki nahuy krriax ilungan mu　如永恆的戀人永遠守護尖石人　我的心　在尖石」。

思方的〈水田桃花源〉：「水田部落是一首詩　韻腳　押在瀑布奔流處　段落　分在梯田層次間　如果你讀了　就會　眷戀」。

莫渝的〈那羅溪的想念〉：「泛舟，水波

▲ 以泰雅語翻譯華文《部落・斯卡也答》的葉賢能老師（右）

▲ 為那羅詩路揭碑舞蹈的泰雅美女

起伏情與愛　裸泳，無束縛的親密　想像一場驚喜的曲折故事　春，常駐　無需計數歲月　儘管揮霍著可堪回憶的年華　溪流不歇　憶念直在山谷激盪　迴旋」。

賦詩勝景，使那羅溪文學林的春風、寒流、暖陽被隱蔽了一大半，驟然一探，教人分不清，到底是詩篇光芒圍繞文學林，還是燦然文學林襯映詩作光澤？

〔冬・植櫻〕中興國小種情誼

現在飄落的花瓣，一定不知道一年後還會盛開；明年綻放的花蕊，也一定記不起今年被風絕情吹落的事，櫻花盛開一時，美麗一時，一週、兩週，隨即消失無影，最後僅留一片新綠嫩葉。

就在陽光普照的二〇一五年十二月十二日，曾在二十歲時於錦屏國小校園手植人生第一棵櫻樹的陳銘

▲ 班長彭允華領頭植樹

▲ 取名「與陳銘磻老師有約」，種下永恆情誼

▲ 植樹現場

磻，與曾任教湖口中興國小四年甲班，三十餘位學生齊聚「那羅溪文學林」，以植櫻方式種下永恆情意，取名「與陳銘磻老師有約」，實踐「把文學種在土地上」的信念，衍繹四十餘年前，師生可貴的情誼。

與會學生包括：彭允華、萬恩霞、桑紹勤、張偉文、翁成龍、邱垂郁、杜明麗、楊美華、黃鳳蘭、李鼎興、劉富洋、康立民、陳弘昇、余能增、余能銑、陳美珍、戴妤楨、秦思敏、邱玉滿、戴瑞鳳、李川滿、余素足、胡素琴、夏麗英等。張偉文並寫了篇短文〈念櫻〉作為紀念：

時令初冬，於那羅山谷幸福之鐘旁

植下紀念情誼的櫻花，讓它回到原本地方，有青山白雲及潺潺溪水相伴，吸納泥土芬芳和雨露的滋潤，成長茁壯，象徵你我彼此念想，千百年般久遠。

願它守護一方土地，蘊育全年日月晨昏，只為一季風華繽紛，嫣紅綻放的花朵隨風擺動像在天際招喚，別忘了回到這裡，我在這念著你。

中興國小第八屆甲班全體同學手植紀念

〔夏．礦坑〕「復興一坑」煤礦蝙蝠洞

那羅一部落產業道路旁的「復興一坑」礦區，原名「那羅礦廠」，日治時期礦廠運作興旺，職工高達七百多名，甚至有九公里長的輕便軌道，行駛手推臺車到內灣車站；曾經人來人往養活不少部落人的礦坑，直到一九七〇年代後期停採，礦廠蓬勃景況不再，二〇〇五年始由鄉公所設立「復興一坑」煤礦園區，徒留空屋、纜索，以及塵封的

▲ 實踐「把文學種在土地上」的信念

▲ 湖口中興國小同學會於 2015 年 12 月在文學林植櫻

▲「復興一坑」入口

▲「復興一坑」煤礦區

坑洞供人憑弔攬勝。

整修後的煤礦園區，目前供作那羅灣休閒農業區駐紮，開發旅遊觀光、香草產業、獵人美食餐、體驗傳統狩獵工具，充分運用礦區廣大的房舍空間。假日遊客如織。

礦區後山的蝙蝠洞最為吸引登山客，從復興一坑攀爬上山，山路陡峭，斜坡直聳而上，煞

▲「復興一坑」煤礦區

▲「復興一坑」煤礦蝙蝠洞

為驚險，離礦區不及三〇〇公尺的蝙蝠洞，引人入勝的招徠膽敢冒險的遊客親臨造訪，一睹黃昏時蝙蝠外出覓食的壯觀奇景。

山路不好走，往蝙蝠洞的山徑，依稀可從樹叢窺見那羅溪，以及溪畔戲水的遊客。青春跳入水中央，一聲響。

〔秋・懸索橋〕那羅吊橋

橫跨溪河上方，那羅僅存的老舊「那羅吊橋」，過去是通往五部落唯一的要道，足跡上橋鳥聲墜，月色滿橋人來往，這一座留存那羅人深刻印記的懸索橋，把歲月刻畫在橋身殘破的踏板、出現縫隙的鋼索上，那是時光留下的殘影陳

▲ 雲霧飄渺那羅吊橋

▲ 那羅吊橋別稱「愛情橋」

▲ 那羅吊橋

▲ 戲劇學大師胡耀恆教授在那羅吊橋觀景

跡，是不忍時間匆匆而逝的剝落斑痕。

這一座懸索橋，曾出現出生五部落，罹患小兒麻痺症的羅仁德與平地人以納華華，一段淒美的戀情。因感念已然亡故的羅仁德對情愛的堅貞，部落人後來將吊橋取名「愛情橋」。

從愛情橋看被那羅溪切割兩個部落的屋宇山色，昏黃時，似近猶遠的呈現滿天昏

▲ 五部落那羅溪女人湖

黃霞光，風穿樹間春初淺，溪畔百合落了一朵、兩朵。

〔夏・戲水〕女人湖親水區

部落人為流經四部落的那羅溪，形成狀似女體的一口湖水，取名「女人湖」。

被母系社會的泰雅族喻為象徵溫柔、婉約母性的「女人湖」，從寬闊河床地，遠看溪河上游叢林，眺望大小不一，錯置溪畔的圓融岩石，使整條那羅溪、兩岸樹林，愈加使人感覺神祕，偶見遠方樹林籠罩層層朦朧山嵐的光影，更添女人湖迷人色澤。

夏日河川，正是一桶靛藍流，流動

▲ 女人湖是那羅部落夏日戲水「市集」

▲ 1970 年代那羅溪女人湖

青春靈泉。

清澈見底的女人湖是那羅夏日市集，是年輕人、孩童裸身聚集消暑的水景地，湖畔聆聽山林鳥雀輕啼，想見溪水低吟的空谷悠然。咦，驟然成為暑期活動，泅水、溯溪、跳水的訓練場域，遊客探訪攬景的勝地。

「春・櫻花樹」錦屏國小

▲ 女人湖親水區

▲ 女人湖親水區

▲ 那羅部落教育所錦屏國小

▲ 陳銘礌借用錦屏國小競賽場還原當年在湖口中興國小上課的情境

▲ 錦屏國小競賽場

錦屏國小運動場建於校舍上方，可遠觀那羅山景，春來賞櫻、夏日曬衣、秋天看楓、冬季迷霧中打躲避球、籃球。這座不大不小的運動場，司令臺沒取名叫司令臺、中正臺，不知哪一任高智慧的校長，巧思取了個十足泰雅風情的名字，叫「競賽場」，夠嗆！

競賽場對面看臺，一幅泰雅圖像，畫筆細膩，挨著碰著，畫出泰雅彩虹之美，淡淡起竹林，那是那羅的樹影、花色、人文；由法國塗鴉藝術家Julien

▲ 法國塗鴉藝術家朱利安・馬朗在競賽場看台繪畫的「那羅的孩子」

▲ 錦屏國小廣場陳銘磻手植櫻花樹

Malland（朱利安・馬朗）繪畫，身穿泰雅傳統服飾，手捧祖靈永生彩虹橋的「那羅的孩子」，別具風韻。

還有，別忘了到校舍前廣場，探望《部落．斯卡也答》作者手植，那棵長得高大、茂盛，近五十歲的山櫻，身軀可安好！

〔夏・螢〕那羅溪野百合

是夏日了。寂靜無

▲ 陳銘磻任教作文班的學生在錦屏國小廣場櫻樹下合影

▲ 中興國小同學會在競賽場還原求學時期的往事

▲ 小說《部落．斯卡也答》的文學地景

▲ 那羅溪好戲水

▲ 那羅溪戲水

塵的林間小徑，幾個赤足男孩在雜草深及腳脛的曠野，追逐斷線的風箏，奔跑、歡笑。孩童的一聲笑、一投足，是喜悅、純真。

漫步那羅溪畔，風傳來草原雜訊，說是風景也可以，流水味道，花蕊味道，夏日來得太早，一把炙陽一煤球，行行忽忽焚燒起，夏季那羅的山上在發熱。

等待晚間時刻，學學日本俳句詩人立花北枝說的：「流螢斷續光，一明一滅一尺間，寂寞何以堪。」到溪

▲ 那羅溪溯溪而行

▲ 那羅溪多礫石

畔探望忽隱忽現的流螢，千百成群，四處飛轉，光芒照耀沉寂的那羅溪水面。

你來你留，休管他幾個夏；白天野百合，夜間螢火蟲，望得人心緒雀躍不已。

〔冬．場景〕《部落．斯卡也答》小說地景

一九七七年十二月出版，陳銘磻著作的第一本長篇小說《部落．斯卡也答》，以曾任錦屏國小教師，因一場車禍身故的邱阿雲老師、擔任鄉長十二年的雲天寶、學生廖建興、李德田、作者等人為藍本的成長故事，描寫這群人生活在那羅部落、臺北都會謀生，奮進人生的事蹟。

全書地景含括整個那羅部落，忠實反映作者十九歲初到異地，經歷一段孤寂焦慮、青澀迷茫的教師生涯，以及荒涼歲月帶來的驚險歷程；一場櫻花雨落，飄瀟幻境，最終凝集師生情誼，匯聚成使人動心、動容的寫實小說。

▲《部落・斯卡也答》的文學地景雜貨店

▲《部落・斯卡也答》的文學地景錦屏國小

▲《部落・斯卡也答》的文學地景紅磚小屋

詩人落蒂於二〇一八年八月出版的第一八期《華文現代詩刊》，寫了一首〈遊青蛙石園區——兼贈作家陳銘磻〉，詩道：「有人來了之後　這裡就有光　大家都讚揚是你　種下的種子，開了花　結了果，也已走出灰濛濛的群山　到處芳草鮮美　落英紛飛　沿著溪岸，築著　浪漫的步道給　情人　給困居都市的人　去看河水掀起的浪花　去看小溪中莊子的游魚　快樂或不快樂　去天空之橋　看夢中的

▲ 葉賢能譯，泰雅語版《部落・斯卡也答》

▲ 陳銘磻著，中文版《部落・斯卡也答》

霞光　看青蛙石昂起　興奮的頭顱　和人群打招呼
崎嶇的山路　彎曲又陡峭　命運的沙石又如此荒蕪
是你走在前頭　帶大家渡過苦海　多年前和小朋友
的約定　幾十年後回來完成　終於　夢的桃花源已
在　青蛙石步道的遊客臉上　顯現　終於一切的美
好　都如當年共同誓言　讓部落快樂的山歌　一直
唱到　永遠」。

〔冬・文學家〕林文義的文學鄉里

一九七〇年於民族晚報副刊發表第一篇散文〈墓地〉的作家林文義，時年十八歲，正經歷青少年華，一九七四年由水芙蓉出版社出版第一本書《諦聽，那潮聲》，從此步上文學創作之路。他的散文風格獨特，從歷史、人性、人文的現實生活，反映清晰過人的洞察力。小說家宋澤萊評論林文義是「美麗島事件之後，臺灣文學最重要的散文家之一」。

把文學奉為終身信仰，體認文學就是生活的林文義說：「如果文學脫離了生活與現實；如果散文還一直在風花雪月、鬆軟無骨的模式裡沉浮；如果散文還不能放開胸懷，擁抱我們的土地及人民，我不知道作為一個文學工作者還有什麼意義？在我的創作過程，我冷靜而理性，謙遜而踏實的描述紅塵諸貌——我們的土地、人民都是那麼感人的文學主題。由生活、現實出發，反映悲憫苦難生命的情懷，我相信透過文學嚴肅的形式，必能進入眾多更深度的心靈之中。」

二〇一一年六月由聯合文學出版公司出版的大散文《遺事八帖》，榮獲二〇一二臺灣文學獎圖書類散文金典獎，之後陸續出版

▲ 在那羅文學屋廣場演說

《夜梟》、《酒的遠方》，這三冊書並列「林文義散文三部曲」。二〇一五年以精湛的散文創作榮膺第三十七屆吳三連獎文學獎；二〇一八年獲選為臺灣十大散文家。

除了文學創作，一九九〇年代後期，應邀主持廣播、電視節目。一九九七年，民視開播，林文義受邀主持《福爾摩沙》文化節目。一九九八年七月，應電視節目主持人白冰冰邀請，聯合主持八大電視《臺灣風情》鄉土文化旅遊節目，首次走進尖石鄉那羅部落採訪、報導，深刻體驗泰雅族的文化、生活。一九九九年，結束《臺灣風情》，決定重返文學寫作，截至二〇〇三為止的四年間，總計完成三部小說：《北風之南》、《革命家的夜間生活》、《藍眼睛》，引起文壇矚目。

▲ 為那羅文學屋剪綵，林文義（左）、作家蔡富澧（右），後立者詩人陳謙

▲ 文學林 88 景觀座揭幕活動致詞

▲ 作家林文義在那羅一部落民宿

▲ 在那羅文學屋建築工地

▲ 林文義在那羅四部落寒娜（右）的家，乾女兒松梅（中）

二〇〇三年，又應小說家汪笨湖之邀，與演唱〈追追追〉風靡萬千聽眾的歌星黃妃，共同主持年代電視MUCH臺《臺灣鐵支路》，這個節目讓他走過宜蘭線、阿里山支線、平溪支線、淘金的軌道、內灣支線，再度從內灣深入尖石鄉探訪，從此與那羅部落結下深厚善緣。

自一九九八年進

▲ 受聘為尖石鄉無給職文化顧問

入尖石鄉採訪，結識住在那羅部落牛欄山的鄉代邱文榮、寒娜、傻尬、阿興、香兒、邱淑芳之後，原本性喜靜好閱讀、孤獨寫作，如日本詩人石川啄木的詩句：「有時走進空屋裡去吸菸，哎呀，只因為想一個人待著。」的文學家，竟喜歡上充滿濃濃人情味的那羅。

這位良善、溫暖的作家，會在不經意時刻，忽然驅車前往尖石，與當地泰雅人聊天、寒暄、飲酒、關懷，同時協助雲天寶鄉長推動文學活動；此後，時常在部落見到受聘尖石鄉無給職文化顧問的文學家身影，也能在報章雜誌見到作家為文撰寫尖石山水風光與人文景致的作品。

泰雅的酒，是友誼的寶典酒；尖石的

酒，是熱情的熱血酒。永遠同心的交杯酒。

年年春歸去，櫻花梭巡遲未開，他明白，文學數秋送流光，反指他鄉是故鄉，多年來，他始終以信仰文學為人生極致殿堂的心情，看待那羅部落的成長、變化，並給予適時關愛；這不就如石川啄木在〈愛自己的歌〉描寫的：「走到高山的頂上，無緣無故的揮揮帽子，又走下來了。」那種充滿來去自若的哲學生活意味嗎！

我去你留，天醉雲腳，螢流梅花村

〔秋．甜柿〕梅花山莊

這個被叫梅花村的部落，不見梅花，倒是櫻花滿村，逢上春季來臨，梅花國小四周，櫻

▲ 梅花山莊

▲ 梅花部落的櫻花

▲ 梅花山莊

▲ 梅花部落花團錦簇

花盛開似火球，使人眼睛閃出亮燦光芒。

坐落尖石鄉前山邊陲的梅花村，是座稍不留意，即被忽略的部落。翠綠山脈裡的樸實村莊，仿若避世隱居的桃源仙境，隱身錦屏大橋一方，幽絕的林園花徑，散發陣陣馨香。

是桃花香？櫻花香？還是茉莉花香？錯錯錯，原名梅嘎萇的梅花村盛產黃澄澄、色澤鮮美、果實碩大、肉質細緻、香脆可口，品質一等一的卡布。卡布叫甜柿。

從梅花國小散步到被稱植物園區的梅花山莊。那是一間民宿。雅緻的外觀，溫馨的裝潢，在遍植各類花卉的園區，鳥瞰被群山環抱的梅花部落，竟能生出心胸暢然的快意。

是哪位多情的花仙子把這座山莊妝點成浪漫夢境？小心走，別驚醒路旁兀自開放的日日春，是啊，紛紅駭綠的波斯菊就在石階旁燦笑。

〔春・古道〕梅嘎蒗部落

旅人喜歡坐在梅花國小側門，取名「得啦亥峨喏」的瞭望臺，遠眺青色山脈，看近身梅花國小被櫻樹撩弄，禁不住心花怒放，眼也花了，心也亂了，紛

▲ 梅花村

▲ 梅花部落

▲ 梅花部落瞭望台

▲ 梅花部落多櫻花

紛飛飛惹出一季燦爛的櫻花情事。

二月桃花紅，四月桂竹筍，五月水蜜桃，六月紅肉李，夏季波斯菊，十月甜柿正逢時，梅花村坡地上的紅花、黃花，把部落點綴成一幅繽紛畫景。

梅花村在清治時期建立「梅嘎蒗社」，分成八個集團，屬於 S'uli（澤奧利）群。部落現址位於竹六〇縣道，再接竹六二縣道，即可抵達。

日治時期，義興村北角設有發電廠，為保護電廠設施，特別在油羅山沿稜線建造步道，現稱「梅嘎蒖古道」。據稱，日本大正天皇的太子來臺巡視，曾路經此地，所以又稱太子步道，是梅花村早期對外聯繫的道路，沿途自然生態豐富，白鼻心、杉木、竹子、綠森林，還有山豬、飛鼠；鄰近古道的梅花溪，地形變化萬千，終點有超過十五公尺的瀑布，以及深不見底的水潭，是溯溪祕境，目前社區正積極發展古道景觀。

> 盛夏陽光，鯝魚觸聲，水色嘉樂村

〔春・地標〕尖石岩

從內灣到尖石鄉行政所在地鄉公所很近，

▲ 尖石鄉地標尖石岩

▲ 尖石岩母岩

▲ 油羅溪尖石岩

▲ 公母岩

約莫十分鐘車程即可抵達。

鄉公所鄰近尖石大橋旁的那羅溪、嘉樂溪匯流處，屹立兩塊巨岩，每塊岩石高約五十餘公尺，狀態雄偉、昂然獨立。位居後方，形狀粗大，岩頂尖銳如刀鋒者稱「公石」，盤踞前方，靠近尖石大橋，形狀扁平者稱「母石」。名為「公石」的巨岩，狀似聳天巨石，氣勢非凡，銳不可當，遂成尖石鄉地名與地標。

公石本來與母石相銜，幾經洪水沖擊，尤其一九五九年八月七日遭「八七水災」慘烈沖刷，水流沖垮巨石，分裂兩塊，隨之又擴大溪河寬度，使兩溪匯流處，水流湍急，雨後水勢磅礡如千軍萬馬奔騰而至，橋下溪壩形成橫條狀瀑布雨花堤，蔚為奇觀。

一灣山水折回處的水景色，使尖石岩成為進入尖石鄉首要地景。

〔秋・溫泉〕嘉樂溫泉會館

以櫻花、水蜜桃、溫泉與文學地景聞名的尖石鄉，曾榮膺交通部觀光局遴選為年度「臺灣溫泉祭」代表。尖石鄉溫泉大都集中小錦屏、嘉樂村會來尖石溫泉度假村、咨里

▲ 嘉樂村溫泉祭（圖／新竹縣政府）

▲ 嘉樂村溫泉祭

▲ 嘉樂村溫泉祭

森林溫泉度假村、石上湯屋度假村等區。

二〇一四年十月溫泉祭推廣尖石溫泉期間，鄉公所舉辦「尖石文學與溫泉」活動，邀請作家林文義、曾郁雯、陳銘磻，陸續以「溫泉與我」串聯講演泡湯經驗。

秋季到冬季，甚至春季，前往尖石鄉泡湯、玩楓、賞櫻、看山、聽溫泉水聲，仿如走進川端康成《伊豆舞孃》的湯本館、夏目漱石《少爺》的道後溫泉、谷崎潤一郎《春琴抄》的有馬溫泉，別趣不少。

花影婆娑，竹林樹搖，水田新樂村

〔夏・納涼〕鴛鴦谷瀑布

鴛鴦谷瀑布是由男人、女人、玉女三柱瀑布串連成的瀑布群，川流新樂村鳥嘴山水田林道，高約三十公尺，因水流遇奇石分兩段而得名，瀑水修長，迷濛水霧隨風飄散，朦朧若紗，涼意沁人。

站在流響許久歲月，一派男性巨根模樣的水柱浪花前，看晌午夏陽灼熱地照射瀑布下方，飄浮寥落草葉的湖水，交錯一幅使人望而卻步的畫面；耀眼陽光從湖面迴射光燄，一如激越熱情，讓人一時睜不開眼，隨後又一步步陷入迷濛。

一路驚心走過，但見山麓不斷延伸的瀑水，川流不息，眼前這幅景象，不免使人臆想如果裸身游過湖面，泅入瀑布底層，一無牽絆的讓水柱直沖腦門，算不算浪漫？

如此看來，怔怔杵在湖邊，讚嘆瀑布雄姿之餘，反不若沉靜觀賞瀑布下方，飄浮草葉的奔逸湖水，更能增添幾許生動感受！

▲ 鴛鴦谷瀑布（載自尖石鄉公所網頁）

▲ 新樂村梯田（攝影／郭秀端）

▲ 新樂村甕碧潭（攝影／郭秀端）

〔秋．曠野〕煤源部落

武漢部落泰雅名「Qalang-Qwayux」，位在新樂村東南二公里，油羅溪上游兩岸河階地，鳥嘴山南西邊谷地，海拔八五〇～九〇〇公尺。二次大戰後，武漢基地設此，所以稱名，後又稱鳥嘴部落。

按《泰雅族的文化》記載，武漢部落的泰雅人原居南投縣霧社以北翠巒一帶，後遷徙到馬里科灣溪左岸，稱「烏茎社」，因當地天氣酷寒，作物年年遭霜害，部分族人遂向北遷移至水田社，因恐懼澤敖列系的部落攻擊，又折返馬里科灣溪左岸南方居住，建部落稱Pasiyo，之後再遷移新樂村油羅溪畔，仍稱巴斯社。二次大戰後，由於區域內盛產煤礦，遂稱本地為「煤源」部落。武漢部落只是煤源部落轄下的小地方。

畢業新竹師專，任教臺南大學，一九七二年曾在特戰鐵嶺基地演訓將近三個月的黃瑞田老師說：「煤源派出所後面有礦坑，出產的煤礦是品質很好的無煙煤，當年中鋼還沒成立，煤源的煤礦都運往兵工廠煉鋼做槍管、砲管。」又說：「當年採煤，煤礦先在派出所附近的油羅溪洗煤場洗去泥砂，再運送出去。也因此，那一段油羅溪的河床泥沙是黑色的（摻雜煤沙），當地原住民會去撈取較粗的煤屑回家當燃料。」

〔冬・咖啡〕天空之城

素有「天空之城」美譽的數碼天空景

▲ 新樂村煤源山頂的天空之城

▲ 尖石鄉長雲天寶陪同藝術家王俠軍參訪數碼天空

▲ 藝術家王俠軍與尖石鄉公所劉經邦課長在數碼天空

▲ 新樂村煤源山頂的天空之城

觀園區，位於新樂村煤源山頂，山巒的玻璃城堡，青山圍繞的景觀餐廳，海拔一二○○公尺的浪漫聖地。眼下山脈綿延，北得拉曼山、李崠山、大混山環繞，能使美麗的山嵐、雲海盡收眼底，散步、飲咖啡喫茶，從各角度欣賞雲霧裊繞，都像來到森林仙境，清新的山林空氣、寬闊的視野，使人身心暢快，盡享森林步道的美好景致。

數碼天空迷人的百萬夜景最為人稱道。漫天星辰，妝點鄰近煤源、那羅部落的上空無比璀璨，從新樂村過來可行，知情人士都從那羅牛欄山前行，料能一窺坐落山崖的天空之城，確切模樣。

藝術家王俠軍曾與雲天寶連袂到訪，落羽松、櫻花、山茶花，變化多端的雲霧，一一浮現，遠方山脈傳來雲在歌唱，還有好似風笛吹奏的聲音，大概因為坐在咖啡屋低頭喝咖啡的緣故，心情鬆懈下來，只看著雪白燈罩被空調輕輕吹拂，又像什麼事也沒發生，忽然幽靜下來。

嗯，走出戶外去喝一杯山嵐吧，據說無比香醇。

〔春・筍〕鐵嶺部落

雖有千重山巒阻隔，一旦輕車簡行從鄉公

▲ 數碼天空景觀園區

▲ 鐵嶺部落聽天籟

▲ 鐵嶺部落盛產竹筍

所出發，往八五山產業道路前行鐵嶺基地，不過十分鐘光景，實地接觸曾是特種部隊訓練的基地，現今改成民用露營場，果真壯闊，光看鋼鐵般的山岩石壁，挺拔得如水墨畫裡的大山異石。

基地平坦多綠林，山巔飄來浮雲，夾雜陽光閃爍，形成蒼翠壯麗之美，無怪乎年輕人善於選擇這

▲ 尖石竹筍節在鐵嶺部落舉行

▲ 高文良在文學步道揭碑活動演唱

一片高曠原野，落腳紮營，從事攀爬、戲水活動。

到新樂村鐵嶺基地，遇見壯闊之美，所見岩壁如長在山谷的巨艦；一幀無限大的水墨畫，氣燄雄渾的以卷軸姿態開展。那裡，盛產竹筍。

〔春・天籟〕新光幫好歌藝

曾是一九九五年五燈獎「你彈我唱」五度五關團體得主「快樂路卡」成員之一的高文良，出生那羅部落，就讀新竹師院期間，與來自臺東魯凱族的同學杜運輝組團，參加五燈獎歌唱比賽，獲得佳績。取名「快樂路卡」是「快樂加油」之意，在於提醒自己要樂觀向前。

▲ 高文良在那羅文學屋活動演唱

▲ 「新光幫」在青蛙石天空步道開園活動演唱

高文良歷任橫山鄉大肚國小主任、新光國小校長、新樂國小校長。喜歡歌唱的他認為：「用音樂來提升孩子的自信！」因此，除了專注母語教學、音樂教育、親近土地種植「小夢田」養活自己的學科之外，還與尖石鄉三位國小校長組成一支四人小組的「新光幫」合唱團；近年來，情同手足的「新光幫」把動人心弦的歌聲傳揚尖石鄉每個部落，甚至遠播鄰近鄉鎮市。

「新光幫」合唱團的四名校長，分別是內灣國小校長陳智明、新樂國小校長高文良、錦屏國小前校長徐榮春及沙坑國小校長王賢，他們不僅是新竹教育大學校友，都是原住民，還曾先後擔任新光國小校長。

二〇一三年，高文良與任教大肚國小的妻子邱鈺淇老師作為成員之一的「新竹縣泰雅之聲合唱團」（Hngyang Na Atayal），受邀前往德國布拉姆斯合唱節參賽，在數十個參賽隊伍中獲得銀牌。二〇一五年七月五日遠赴德國馬德格堡參加第二屆歐洲合唱比賽暨世界合唱大獎賽，榮獲室內合唱金牌獎、民謠合唱金牌獎、世界大獎賽銀牌獎等二金一銀佳績，「泰雅學堂」校長陳智明與成員驚喜不已，能在卅二國一二〇個隊伍中脫穎而出，實非易事，陳志明、高文良等成員天籟般的歌唱水平，功行圓滿，為鄉、為縣、為國增光不少。

藉由歌聲讓各方人士看見原住民文化，聽到泰雅天籟，由「新光幫」四人組成的原住民教師合唱團與泰雅學堂，把生活在五峰、尖石、竹東的原住民小孩聚集唱歌，傳承樂音。

泰雅學堂、新光幫、泰雅之聲合唱團，全是尖石鄉的「國寶」。

▲「新光幫」在那羅溪文學林開園活動演唱

▲ 高文良在那羅部落文化活動演唱

▲ 詩人林央敏於 2018 年暮春進駐新樂村水田部落當「隱士」寫作（攝影／賴思方）

〔夏・文學家〕詩人林央敏蟄居水田

二〇一七年秋，偶然機會在日月潭船屋初識來自新樂村水田部落木屋主人，名畫專家黃騰寬、詩人賴思方夫婦，徹夜相談，竟成朋友的詩人林央敏，基於嚮往古代隱士遠離塵囂的生活，以及療治長年永夜難眠症，於二〇一八年暮春，獨自駕駛一部老舊四輪車，沿河道溯行入山，「直接駛向矗著神話之筍的尖石原鄉，接著迤邐越過新建的西拉庫（Sirakku）新樂橋，山路開始瘦成一條蛇，在房舍稀疏的水田部落間蜿蜒而上，……」在網路訊號不良的北得拉曼山，借助水田木屋，模倣古代隱士的生活，詩人說：「這裡看起來有點像《詩經》〈蒹葭〉篇所描寫的山水之境，因不知自己是否有能耐孤芳自賞，所以只敢帶幾本書籍來做伴。」

一九九一年以〈嘸通嫌臺灣〉榮膺金曲獎最佳方言

歌曲作詞人獎的央敏詩人可知，新樂村水田部落林班地擁有世界級最低海拔的神木，是繼司馬庫斯、鎮西堡神木群之後，屬於尖石鄉再次發現的神木聚集地？

初入水田部落養生閒居的詩人，如何適應山林清寒生活？

出生嘉義太保，青年時期就讀省立嘉義師專、輔仁大學中文系；畢業後，曾任桃園龜山國小教師。自許從小即能寫五言古詩，資質聰慧，又是臺語文學第一部史詩《胭脂淚》的作者，能寫出如：「鐵牛很貴族，農藥肥料和人工又多麼昂貴……農民的餐桌，竟不如商賈的食餘……」這種鄉

▲ 山中稀奇，難得賓客來，最右詩人畫家林蒼鬱，最左詩人郭秀端，中為李憲祈（攝影／郭秀端）

▲ 新樂村水田部落神木（攝影／賴思方）

▲ 詩人在甕碧潭瀑布

土詩句的林央敏，自然習慣簡樸生活。

走過水田部落山山水水，他寫下深居部落木屋的生活樣貌：「我是苦命人，二十四歲之前曾立志脫離貧窮，想當世俗所羨的所謂『上流社會的菁英分子』，然不久之後，思想、意識、觀念大轉變，轉而立志與勞苦大眾站在一起，從社會最底層看國家、看政治、看文學……等等。見臺灣數百年一直在苦難當中……，而不願自拔，見世間存在好多好多的不公不義與自私自利，而憂苦心傷……，到如今老來無力去糾正，而自陷悲苦，雖自知『為何命如此』，還不願也無能安享人生，這應是我的悲劇性格所致。」喟嘆之餘，仍不忘詩人獨有的詩心，說道：「入夜後，只見稀疏的黃色路燈，明早，將步行周遭，前往瀑布，孤身擁抱大自然。感謝騰寬、思方，也感謝駐守拉曼西南兜的山神。」

詩人居所，原是黃騰寬、賴思方夫婦在水田部落經營的「怪獸」民宿，如今，短暫時間的人去樓空，林央敏適得其時的「登堂入室」。

他說：「屋外是一片自然主義的詩畫，屋裡則是一片印象主義的詩畫，因為寫詩又畫畫的女主人用細膩的線條和鮮麗的色彩在門扉和牆壁上建構一種融合寫實精神的野獸派，將原本平面的木牆三D化、藝術化了。對此情景，該慚愧的是作為賓客的我，不只落魄江湖掌中輕，口袋也輕，而且無功無名無才情，要不然，也想塗鴉幾筆呢！」

外地來的大詩人，仍需與當地泰雅人一樣，依山而食，依水而眠。「我現在是煮一次，吃兩餐，午飯後就把留待晚餐的另一半先放涼，再放冰箱。為了防範蒼蠅偷吃，便用『孔孔鍋』罩著，結果蠅族四、五隻聞香而

▲ 屋外是一片自然主義的詩畫（攝影／賴思方）

▲ 詩人依山而食，依水而眠

▲ 林央敏與屋主名畫專家黃騰寬在小木屋暢談山居生活（攝影／賴思方）

來，趁我在看書，無暇注意，牠們竟妄想鑽孔而入，（當然蠅身過胖、翅膀也寬，只能埋恨孔洞太小），於是一一被我的拍子引渡到地獄去了。」詩人自嘲，「這招不錯，打蒼蠅很管用，一擊便中，牠們一一就逮，其中還有一拍雙蠅呢！」

一切如來，可是苦中作樂呀！他卻心有所感的寫出一首又一首的山居好詩：「一片樹林連綿坐在緩緩起伏的山坡　幾棟房舍離離落落坐在林木覆蓋的山兜　兩間木屋坐在脩竹與大樹圍繞的山腰對望成雙　一介詩人寥落地坐在幽篁當外牆的木屋裡夜幕垂下，顫抖的星子高處不勝寒吧？也垂下　化作火金姑陪伴孤獨，在暖和的草叢間低飛群舞　螢火舞滿窗，斯人自徬徨　便走出木屋，步行百米路，隨興逛逛」。

又寫下一首孤獨詩：「山中稀奇，難得賓客來

前日爲主迎佳賓　昨日爲僕侍東主　同林鳥齊宿木屋　今日早起烘吐司，快把晨光煮可堪賓主減肥塡腹肚，笑談不訴苦　盡使胃腸不咕嚕　眼睛才能讀書，雙手才能寫字，繼續含茹孤獨」。原來，「難得賓客來」的貴賓竟是赫赫知名的詩人畫家林蒼鬱、郭秀端、李憲祈等。

深具文學雅好的雲鄉長，某日陪同交通部官員到水田部落勘查，順道探望蟄居山林的詩人，一起午宴活魚三吃。鄉長發現夏日期間，詩人有不少歌詠遁入尖石的詩、隨筆、散文發表報刊，席間邀請央敏清唱一段〈毋通嫌臺灣〉，並朗讀一首吟遊青蛙石的小品詩〈石青蛙的美思〉。吟詩給官員聆聽，可是詩人的盛情美意啊！

▲ 林央敏在新樂村生活的空間（攝影／賴思方）

▲ 新樂村水田部落（攝影／賴思方）

來來去去住了好些日，水田部落因詩人到訪，變得更詩情畫意了；因詩人的作品，而讓這塊曾是臺灣許多武俠電影的取景地，多了份文學的優雅美感。

可問，山林隱士生活近年，長年永夜難眠症，治癒安否？推說，不久未來，詩人可能再現幾本遁入尖石部落，把筆著墨，檢字成章，曠世無匹的鉅著，就要堂堂問世！

〔春・仙境〕北得拉曼山女詩人賴思方

喜歡森林、大自然，喜歡說不上理由的心情，自許村姑的賴思方，二〇一三年突發異想的跟著伴侶黃騰寬，帶著幾匹馬、一些簡單的生活傢伙，落腳北得拉曼山下的水田部落，親手蓋了座「怪獸森林」小木屋，經營露營、民宿、蓋怪獸印章遊戲，分析與認識自己。

就像泰雅人稱「薏苡」是山裡的珍珠，長輩會串成手鍊、縫在衣服或帽子上送給孩子，代表祝福那樣，「怪獸森林」小木屋成為新樂村最早、最活躍、最具浪漫色彩的露營區。

水田部落主要水源，來自北得拉曼山的巨木與甕碧潭瀑布，流過「怪獸森林」，使人錯覺漫步草原的群馬，就是傳說中小木屋的仙境之靈；木屋有靈氣，不久，營造出喜歡在石頭上塗山水，畫靈感的新銳詩人賴思方，後來，又住進大詩人林央敏。

把馬、狗、貓咪看成親善大使，把石頭當詩的賴思方，以〈我的行走〉寫出山居歲月的心情：「如果

▲ 怪獸小木屋與馬匹（攝影／賴思方）

▲ 怪獸露營區，冬雪一景（攝影／賴思方）

▲ 怪獸民宿時興玩印章遊戲（攝影／賴思方）

▲ 詩人思方在竹林中（攝影／賴思方）

▲ 怪獸露營區（攝影／賴思方）

不經意的　你讀到了孤獨印記　別懷疑，那是我　代替那些動彈不得的石頭　走出歲月幽深的心底　悠悠的是那份依戀　我和我的石頭　在一處無人深山　悠然譜寫另一種神話」。

她說，水田部落適合山人與高人居住，自己不過是個過客，但卻「不小心」在兩三年間寫下不少靈活靈現的季節詩、歲月詩、山林詩。

〈春〉：三月單純只做春天的事　我就醉在花朵笑窩裡　吟風唱雨舞弄一山青翠　一朵白雲足以捏造一個神話。

〈夏〉：你故意把白晝拉長　讓太陽徘徊在森林允許驟雨邀請我一起　在微笑彩虹上，盪鞦韆。

〈秋〉：秋是個魔術師，輕輕吹口氣　森林就換上暖色系禮服　柿子紅著臉向蝴蝶，告白　我抹上桂花香緩慢緩慢地，想你。

〈冬〉：森林休眠在冷冽吸納間　雪花
開滿整個山谷　傲骨梅樹釋放新的溫度　在
甦醒那刻看見最美的季節。

她用詩心、童心、慧心，替北得拉曼山妝點詩意翩翩的仙境。這樣的水田部落，你去過了嗎？靈氣在那裡，詩意也在那裡；賴思方勤勉的在石頭畫山水，在山水裡作詩。

手拾落穗，天籟穿過，雲霧義興村

〔秋．懸索橋〕北角吊橋

位於尖石鄉入門右側，橫跨油羅溪，義興村的北角吊橋，全長二二四公尺，境內最長的鐵線橋，全臺第二長吊橋，是通往馬胎部落的主要橋梁，每逢春夏之際，鄰近青山桐

▲ 義興村雲霧裊裊

▲ 義興村

花盛開，景色迷人。作家劉克襄寫道：「每次經過北角吊橋，都會停車休息，倒不是為了觀賞或購買山產，主要還是想走過狹長而瘦險的吊橋，那樣的走過，常讓我有更為接近了這個山區的心境。」狹長的北角吊橋，很陽剛，真美，從橋頭慢慢走向山麓，不為山腰稀疏一兩戶人家的探訪；站在橋間，專注凝神看油羅溪嘩啦啦的流水，可以測量那顆容易作亂的心，能承受幾分心悸。

慢慢走，撫心安寧。山

▲ 北角吊橋全貌

▲ 北角吊橋

沉鳥靜，水流聲彷彿自動消音，只剩大地氣息。還等什麼？跨幾步腳，橫過吊橋，到馬胎部落。

〔夏．天籟〕義興分校合唱團

地處海拔六〇〇公尺山林，彌漫濃霧的馬胎部落，族人稱「Matuy」，有「前山黑色部落」之喻。部落裡的嘉興國小義興分校，是個迷你小學，全校學生二十一人，一度面臨廢校，直到二〇一五年徐榮春校長到任，誠摯與分校主任李衛民、全體教師致力學生潛能教育發展，在家長會支持下，二〇一六年九月正式成立合唱團；翌年，榮獲全縣同聲合唱組優等。校長說：「合唱團成員，一到六年級所有學生都是團員。」

二〇一八年，利用彈性課程和課餘時間勤練合音有成，表現不俗，徐榮春校長全心鎖定維也

▲ 比賽前練唱（載自義興分校臉書）

▲ 榮膺第 31 屆舒伯特國際合唱大賽金質獎的義興分校合唱團（載自義興分校臉書）

納第三十一屆舒伯特合唱競賽，以及參加第四屆維也納歡樂之聲音樂會為目標，冀望義興分校合唱團挺進國際舞臺，遂於二〇一七年十二月把義興分校合唱團歷年參與比賽的影片，毛遂自薦寄給主辦單位，未料在各國激烈的競爭下脫穎而出，入選資格賽的十多支組別之一。

成為受邀出席競逐隊伍，卻礙於經費不足，三分之二家境清寒的學生，連出國比賽的機票、旅行箱都無能負擔，消息披露，不少民眾和企業紛紛掏錢贊助，長榮航空提供二十七位團員免費到維也納比賽的來回機票，臺泥提供短缺的四十萬旅費，讓合唱團排除萬難，順利出國，歡喜踏上國際舞臺，參與比賽。

面對陌生環境、水土不服帶來的不安，以及團員在比賽前練習，一度表現失常的窘境。徐校長當機立斷，利用街頭快閃即興演出的方式，讓孩子站在知名的百水公寓廣場，唱出泰雅族的〈歡樂歌〉，後來又快閃轉戰城市公園，期盼經由觀眾的掌聲催促團員身心復甦，找回信心。果然，團員嘹亮的歌聲、活潑的演出，擄獲街頭不少聽歌人的心。

直到六月二日，維也納當地時間上午十一時，臺灣時間下午五時，傳回身著泰雅傳統服飾上臺比賽的義興分校天籟美聲團，連唱四首曲子，最終回以一曲〈擁抱世界擁抱你〉，自然的神情、穩健的臺風、清亮的歌聲，一鳴驚人的榮膺第卅屆舒伯特國際合唱大賽最

▲ 合唱團賽後合影（截自義興分校臉書）

▲ 金質獎狀（載自義興分校臉書）

▲ 合唱團比賽現場（載自義興分校臉書）

高獎項金質獎，以及大會評審團特別獎。

身為尖石鄉「泰雅之聲合唱團」、「新光幫」團員的徐榮春校長，堅持不懈、永不放棄的態度，是造就義興分校合唱團被世界愛樂者聽到的主因。

作家愛亞寫道：「一個會唱歌的民族，一個幾乎每一人都可以有好聽歌曲吟唱出口唇的民族，我真疑惑，尖石的山景之美是因為歌聲飛旋纏繞在山谷間的原因麼？歌子曲子像撞擊的分子、粒子，在山與山間樹與樹間厚土與厚土間撞擊，伊們出不了山谷，便永遠撞擊下去，這尖石的山便美麗了！便雄偉了！便毓秀了！是這樣的麼？」

「人世間，流浪人歸，亦若回流川。」熱愛歌唱的徐校長，回歸故里尖石鄉，為能唱歌、愛歌唱的孩童摘下一輪會唱歌的皎潔明月。歡喜的泰雅孩子說。

尖石鄉綜合運動場

鄉事錄

平戶風乍起，叢林深處誰人家，鯝魚自在游

尖石建設・漫漫二十年

詩人落蒂於二〇一八年八月出版的第十八期《華文現代詩刊》，發表一首尖石文學小旅行的詩〈內心讚頌—有贈雲天寶鄉長〉。詩道：「就是不服輸不死心啊　一粒小小石子出去鍍金　辛苦一輩子　終於站在祖靈地的長河上　巍然耀眼　絕不再讓貧瘠出現　此刻　要讓窮苦無知　遠離　要讓美的霞光　在此耀眼　包覆了所有山林　那羅溪畔　響著嘹亮的山歌　只在意地方繁榮遊客　滿意常來散步談情　喝咖啡　計算子子孫孫　長遠的利益　那羅文學步道開出朵朵　詩花　青蛙石眺望　遊客輕快的腳步　走到彎來彎去的天空之橋　那裡都看到　桃花源」。

自二〇〇二年當選第十四屆尖石鄉長，及至二〇一〇年續任第十六、十七屆共十二年鄉長職務的雲天寶，漫長的公職生涯，歷經環境變遷，人事變革，對尖石故鄉建設與

興革的初衷，始終未曾三心二意、怠惰大意。不論硬體建設、再造文化願景，無不以鄉民福祉、奠基和傳承文化為使命。

回首站在五二七．五七九五平方公里的泰雅土地，辛勤勞動的人，一旦卸下重任，將面臨寂寞襲擊。議員生涯八年、奔波鄉事忙碌十二年，勢必停歇畫下終止符，此後，偶而詼諧戲言：「雲深不知處，天機不可洩，寶座不可測！」的雲天寶真能悠然如苦花魚，自在川流塔克金溪、玉峰溪、那羅溪？那是不必臆測的未來，人間諸事，不待尋索，必然本能找到出口。他，不就是尖石傳奇的另一款風物詩嗎？——文學鄉長。

曲折的塔克金溪最終注入大漢溪，經淡水河出臺灣海峽；湍急的那羅溪一樣在注入油羅溪，匯流頭前溪之後，從南寮港出臺灣海峽。恰如雲鄉長的作家朋友林文義，發表於二〇一八年八月十三日聯合報副刊〈文學相對論〉，敘述二十餘年前卸下「如修羅場」一般的副刊主編職務的心情：「沉默的園丁，心靈的索引、瀝石以煉金，我，多麼珍惜作為一個曾經是副刊編輯的美好歷程；海納百川、樂觀其成，植物園般的繁花群樹皆風景，自由的奔流，異同相與的華麗！」

為鄉民謀福利，為故鄉建設舉大旗，雲天寶可也在公務奔忙的二十年間，創造、宣揚無數異同相與，華麗的泰雅文化！

◀▲2002 年 12 月，鄉長雲天寶主持臺灣第一條部落文學步道「那羅花徑文學步道」揭碑活動，上千民眾蒞臨參觀，開啟尖石鄉文化觀光的空前盛況。

▲2003 年，計畫性、組織性的推動部落文化產業觀光，大量培訓在地導覽人員。

◀ ▲▼ 2003 年，開始在前後山部落推廣山藥、香草等農產栽植。

◀ ▼ 2003 年，全力推廣在地農產品種植與農業技術開發養成的實務計畫。

▶▼2003年9月，春天出版公司出版《尖石夢部落》、《櫻花夢》，率先在五部落那羅溪畔「齊娃斯花園餐廳」舉行新書發表會，作家林文義主講，歌手范俊逸演唱，鄉長雲天寶蒞臨致詞，來賓有作家蕭蕭、吳鳴、六月等。

◀▼2004年，全面推動協助住民培育種植蔬果，發展農業，並戮力推展住民手工藝，傳承泰雅文化。

▶▼2004 年 4 月，盛大舉辦桂竹筍節活動，大力推銷尖石特產「阿力」。

▼2004 年 6 月，在舊鄉公所運動場舉行盛大水蜜桃節活動，推廣尖石農特產品。

▲2004 年 8 月，艾利颱風重創尖石，雲鄉長帶領所屬團隊，進行災後重建，還原部落生機。

▲ 2004 年，全面進行水道疏通與河川整治工程。

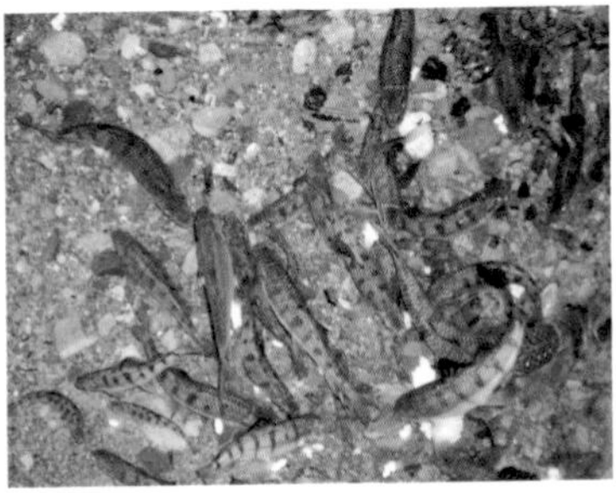

▲ 2005 年，推動苦花魚生態保育，組織河川巡守隊，護衛山川。

▲ 2005 年，積極在小錦屏開發溫泉資源，使尖石鄉成為北部地區最負盛名的溫泉鄉。

▼ 2004 年，進行山林保育工作。

◀▼2005年1月，雲鄉長主持由企業家捐助建造的臺灣第一間部落文學屋、造路啟用儀式，近三百位作家、民眾參與盛會。

▼2012年11月26日，鄉公所辦事處喬遷至新大樓，辦公大樓充滿泰雅風情，同時整修原住民文化館。

▲2012年3月，位於縣道120線，坐落頭前溪上游油羅溪的鐵嶺橋竣工典禮，這條橋是通往八五山的要道。（圖／新竹縣政府工務處）

▲2012 年 12 月，盛大舉行臺灣第一座以文學為名的「那羅溪文學林」揭幕活動，同時邀請百位知名作家種植百株櫻花樹，還原「錦屏觀櫻」盛名。

▲2013 年 1 月，接受電視節目「點燈」訪問，談建造「那羅溪文學林」初衷。

▲2013 年 1 月，陪同藝術家王俠軍走訪尖石鄉。

▶那羅溪文學林落成

▲ 2013 年 2 月，在那羅溪文學林主持企業家劉明創捐贈 88 紀念景觀座揭幕儀式。

◀▲ 2014 年 4 月，在那羅部落主持「文學在尖石」活動，落實「把文學種在土地上」信念。

▶ 2014 年 11 月，開發並推廣秀巒溫泉，讓盛名遠播的控溪溫泉重現人潮。

▲ 2014 年 11 月，完成玉峰大橋汰舊換新工程，便於推動後山觀光、改善原鄉對外交通。縣長邱鏡淳、立法委員高金素梅、鄉長雲天寶、尖石代表會主席黃比德等人共同剪綵。（攝影 / 新竹縣政府綜合發展處）

立報

第一本泰雅語翻譯小說 發表

▲ 2015 年 1 月，出版那羅子弟葉賢能老師翻譯的泰雅語版《部落．斯卡也答》，作為母語教學教材。

◀2015 年 1 月，邀請臺灣知名詩人寫詩，舉辦「那羅詩路」揭碑活動，期使「那羅溪文學林」增添詩情畫意。

▼2016 年 9 月，視察尖石鄉玉峰村老鷹溪護岸工程。老鷹溪為玉峰溪支流，全長約 3 公里，發源於海拔 1950 公尺的李崠山，全年溪水清澈，河谷險峻，兩岸林木輝映，原生植物具　帶林相特性，溪中魚類以高山鯝魚、石斑、溪哥為主，極具生態保育觀光潛力。（圖 / 羅信臉書）

▲2015 年，重整復興一坑煤礦，發展成為觀光地景。

▶2016 年 9 月，參與全國自然資源保育計畫。（圖／羅信臉書）

▲ ▼2016 年 8 月施工，11 月完成的尖石鄉綜合運動場，11 月 10 日舉辦第 5 屆全國泰雅運動會暨傳統技藝競賽，鄉長雲天寶、立委高金素梅、鄉代會主席陳沺宇聯合剪綵啟用。（攝影／中華日報記者彭新茹）

▲ ▼2016 年 10 月，舉辦年度甜柿節活動。（圖／羅信臉書）

◀ 2016 年 11 月，全臺第一座泰雅族造型的郵筒在尖石鄉郵局誕生。（攝影／方詠騰）

▶ ▼ 2016 年 12 月 27 日，在總統府召開第一次「原住民族歷史正義與轉型正義委員會」（簡稱原轉會）預備會議，臺灣原住民族各代表計 19 人與會，並接受蔡總統頒發「原轉會」委員聘書。（圖／總統府）

▶ 2016 年 12 月，參與幼兒園小朋友向鄉長報佳音活動。（攝影／黃比德）

◀ 2017 年 1 月，進出原民會，為爭取部落建設及未來傳統領域議題交流。（攝影 / 高燕鈴）

▶ 2017 年，爭取造福鄉民與觀光客的觀光公車上路。（圖 / 羅信臉書）

▼ 2017 年 2 月，主持泰雅族傳統領域籌設小組籌備會暨民族自治說明會。（攝影 / 高燕鈴）

▲ 2017 年 2 月，總統府姚副祕書長及原民會依將主委，蒞臨尖石鄉參訪指導。（攝影 / 高燕鈴）

▶ 2017 年 5 月，主持尖石鄉模範母親表揚活動。（圖 / 羅信臉書）

◀ 2017 年 6 月，在梅花村主持尖石鄉聯合運動會，梅花村民青少年選手表現努力不懈的運動員精神。（圖 / 羅信臉書）

（攝影 / 陳文斌）

▲ 2017 年 6 月，傳統領域南庄說明會，宣揚土地議題，讓族人更能確認自然主權。（攝影 / 高燕鈴）

▲ 2017 年 6 月，主持第二次全國中北區泰雅民族領袖會議。（攝影 / 高燕鈴）

◀2017 年 7 月，主持年度水蜜桃節活動。（攝影／趨勢 new Live）

▼ 2017 年 8 月，主持尖石鄉模範父親表揚活動。（攝影／陳文斌）

▲ 2017 年 8 月，雲鄉長領軍志工服務業務交流會議。（攝影／高燕鈴）

▼ 2017 年 8 月，行政院長接見原住民 55 個鄉鎮長，雲鄉長代表發言。（圖／羅信臉書）

▲ 2017 年 9 月，主持尖石鄉中秋晚會活動。（圖／羅信臉書）

▶ 2017 年 10 月尖石鄉溫泉季在美人湯溫泉會館舉辦活動。（圖／新竹縣政府）

◀ 2017 年 12 月，辦理原住民族自治會議暨泰雅族意見徵詢會議。（圖／羅信臉書）

▼ 2018 年 1 月，拜訪樂齡學習的老人。（攝影／高燕鈴）

▲ 2018 年 1 月，尖石鄉健康醫療服務梅花站成立。（攝影／陳文斌）

▶ 2018 年 1 月，舉辦鎮西堡祖靈之鑰超級馬拉松路跑活動。（圖／羅信臉書）

▶ 2018 年 1 月，尖石鄉溫泉觀光產業協會辦理年度歲末寒冬送暖關懷活動。（圖／羅信臉書）

▲ 2018 上半年，舉辦災害防救會報，汛期前提早規畫自主防災、備災以有效減災的講習活動。（圖／羅信臉書）

▲ 2018 年，財團法人「永齡慈善」社會福利事業基金會捐贈尖石鄉幼童車，基金會甘督導及鴻海科技集團代表人黃先生蒞臨尖石鄉。（圖／羅信臉書）

◀ 2018 年 2 月，推動尖石鄉六條橋樑新建工程之一的「新樂大橋」啟用典禮。（圖／新竹縣政府工務處）

▶ 2018 年 2 月，探望志工媽媽，向泰雅母親致敬。（圖／羅信臉書）

▼ 2018 年 2 月，前往嘉義太平雲梯學習觀摩提升鄉內產業營運。（圖／羅信臉書）

▲ 2018 年 2 月，啟動尖石鄉櫻桃花季年度活動。（圖／羅信臉書）

▶ 2018 年 3 月，新竹市崇德會廣澤慈善協會至尖石鄉國中、小 11 校合捐贈 10000 斤白米活動。（圖 / 羅信臉書）

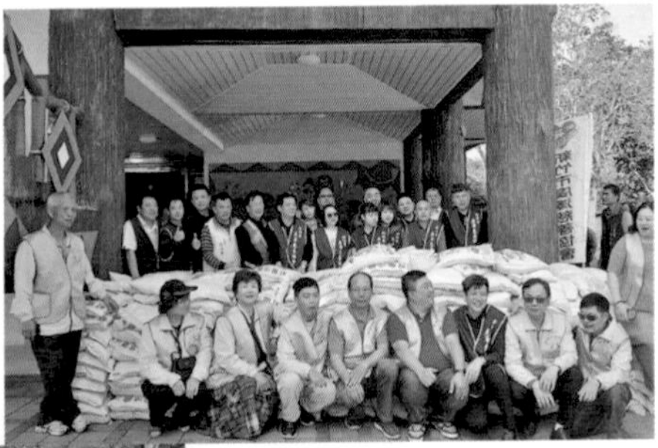

◀ 2018 年 3 月，尖石鄉第六座億萬大橋「秀巒大橋」動土典禮。（圖 / 羅信臉書）

▼ 2018 年 3 月，青蛙石彩虹生態步道正式營運。

▲ 2018 年 3 月 27 日，青蛙石彩虹生態步道啟用典禮，立委高金素梅、原住民族委員會副主任委員伊萬・納威、縣府祕書長蔡榮光受邀觀禮剪綵。

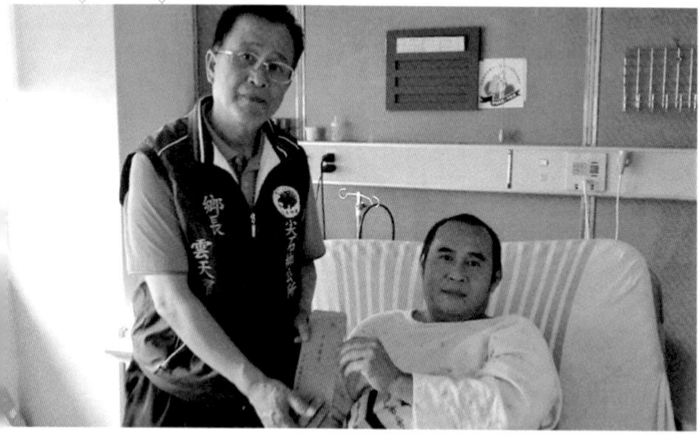

◀ 2018 年 4 月，前往病院探望清潔隊員張展榮（展昭）傷勢，並致贈慰問金。（攝影／黃比德）

▶ 2018 年 5 月，原民會員工在尖石鄉舉行部落學習體驗課程。（圖／羅信臉書）

▲ 2018 年 5 月，視察尖石鄉綜合運動場工程之一，施工中的「籃球場天幕工程」。

▼ 2018 年暑期，參加尖石鄉立幼兒園第 22 屆畢業典禮暨結業式。（圖／羅信臉書）

▼▶2018 年 7 月，主持尖石鄉年度水蜜桃促銷活動。（圖／羅信臉書）

▶2018 年 8 月，歡迎苗栗縣泰安鄉劉美蘭鄉長一行人親子員工旅遊至尖石鄉交流學習。（圖／羅信臉書）

▲2018 年 8 月，主持尖石鄉模範父親表揚活動。（攝影／劉建民）

▼2018 年 8 月，造訪司馬庫斯神木群。（圖／羅信臉書）

▶2018年8月，錦梅吊橋修護竣工，採用攀岩安全索當材質當，令人耳目一新。

▼2018年12月7日，於尖石鄉綜合運動場舉行任內「施政成果發表活動」，各課室、教育單位、村里等，設攤展示建設成果；同時，以尖石歷史、文化、產業、觀光、地景發展為主題的《尖石風物詩》專書出版。活動宗旨傳述泰雅文化、施政傳承，以及繼往開來的理念。參與來賓超過600人。

▲2018年8月底至9月初，一年一度的尖石鄉歲時祭（又稱感恩祭），在尖石綜合運動場、竹東動漫園區、那羅文學林展開連串祭儀、音樂活動。立法委員高金素梅、鄉長雲天寶共同主祭。（圖／羅信臉書）

▲2018年12月8日，舉辦青蛙石天空步道「青蛙石詩路」立碑活動，為青蛙石園區再添一景，重現如織人潮。

注：〔鄉事錄〕章節大部分新聞相片，取材自作者拍攝、羅信臉書、相關網路，特此致意。

尖石風物詩

—塔克金溪與那羅溪流域的四季風情紀

作 者 攝 影／陳銘磻
美 術 編 輯／方麗卿
企畫選書人／賈俊國

總　編　輯／賈俊國
副 總 編 輯／蘇士尹
編　　　輯／高懿萩
行 銷 企 畫／張莉榮 · 廖可筠 · 蕭羽猜

發 行 人／何飛鵬
法律顧問／元禾法律事務所王子文律師
出　　版／布克文化出版事業部
台北市中山區民生東路二段 141 號 8 樓
電話：(02)2500-7008　傳真：(02)2502-7676
Email：sbooker.service@cite.com.tw
發　　行／英屬蓋曼群島商家庭傳媒股份有限公司城邦分公司
台北市中山區民生東路二段 141 號 2 樓
書虫客服服務專線：(02)2500-7718；2500-7719
24 小時傳真專線：(02)2500-1990；2500-1991
劃撥帳號：19863813；戶名：書虫股份有限公司
讀者服務信箱：service@readingclub.com.tw
香港發行所／城邦（香港）出版集團有限公司
香港灣仔駱克道 193 號東超商業中心 1 樓
電話：+852-2508-6231　　傳真：+852-2578-9337
Email：hkcite@biznetvigator.com
馬新發行所／城邦（馬新）出版集團 Cité (M) Sdn. Bhd.
41, Jalan Radin Anum, Bandar Baru Sri Petaling,
57000 Kuala Lumpur, Malaysia
電話：+603- 9057-8822　　傳真：+603- 9057-6622
Email：cite@cite.com.my
印　　刷／韋懋實業有限公司
初　　版／ 2018 年 11 月
售　　價／ 420 元
ISBN ／ 978-957-9699-58-7　城邦讀書花園 www.cite.com.tw　布克文化

本書由尖石鄉公所補助出版